gemeinde leben

Herausgegeben von
Klaus Vellguth

Maria Hauk-Rakos / Erich Schredl

KREUZWEG-ANDACHTEN

Modelle und Anregungen

FREIBURG · BASEL · WIEN

© Verlag Herder GmbH, Freiburg im Breisgau 2009
Alle Rechte vorbehalten
www.herder.de

Die Bibeltexte sind entnommen aus:
Einheitsübersetzung der Heiligen Schrift
© 1980 Katholische Bibelanstalt, Stuttgart

Wir danken den Verlagen und Rechteinhabern für die Erteilung der Abdruckgenehmigungen.
Bei einigen Texten war es trotz gründlicher Recherchen nicht möglich, die Inhaber der Rechte
ausfindig zu machen. Honoraransprüche bleiben bestehen.

Gesamtgestaltung: Weiß-Freiburg GmbH – Graphik & Buchgestaltung
Covermontage: unter Verwendung eines Bildes von © Ullsteinbild

Herstellung: Himmer AG, Augsburg

Gedruckt auf umweltfreundlichem, chlorfrei gebleichtem Papier
Printed in Germany
ISBN 978-3-451-32240-2

INHALT

Vorwort 6
Thematische Einführung 7

Klassischer Kreuzweg als Gemeindeandacht 12
Erich Schredl

Franziskus-Kreuzweg 29
Erich Schredl

Kreuzweg für Erstkommunionkinder 40
Maria Hauk-Rakos

Kreuzweg für Firmlinge 56
Maria Hauk-Rakos

Literaturempfehlungen 77

Abkürzungen:
V = Vorbeterin bzw. Vorbeter
A = alle/gemeinsam gesprochen
GL = Gotteslob

VORWORT

Viele Tausende von Menschen sind schon den Kreuzweg gegangen: Seit knapp 700 Jahren gehört der Kreuzweg zur christlichen Frömmigkeit.

Viele Tausende Menschen sind ans Kreuz geschlagen worden: Alexander der Große hatte die Hinrichtungsart der Kreuzigung von den Persern übernommen und seine Nachfolger gaben sie an die Römer weiter. Etwa 700 Jahre lang wurden Menschen als Verurteilte auf den Kreuzweg gezwungen.

Einer ist einen Kreuzweg gegangen, der alles verändert hat: Mit dem Kreuzweg Jesu bekam der Hinrichtungspfahl des Kreuzes eine andere Qualität; er wurde zum Zeichen des Einen, der das Kreuz bewusst und freiwillig auf sich genommen hat.

Die Kreuzweg-Andacht setzt ein glaubendes Wissen darum in gewissem Sinne voraus – wie Paulus sagt: „Oder habt ihr den Glauben etwa unüberlegt angenommen?" (1 Korinther 15,2)

Den Kreuzweg beten, mitbeten oder einfach hören, kann innerlich den Weg frei machen zu einem neuen Begreifen dessen, was der Glaube sagt, zum Ergriffen-Werden von der Person Jesu, seinem bewussten, freiwilligen Weg in den Tod.

Und vielleicht entfaltet sich dadurch in uns auch sein Auferstehungs-Wort: „In der Welt seid ihr in Bedrängnis; aber habt Mut: Ich habe die Welt besiegt." (Johannes 16,33)

Erich Schredl

THEMATISCHE EINFÜHRUNG

Die Anfänge des Kreuzwegs

Es gibt zwar sehr alte Berichte von Pilgern, die ausgiebig das Heilige Land bereisten, allerdings wird dort nichts erwähnt, was dem auch nur ähnlich wäre, was wir unter „Kreuzweg" verstehen. Sowohl die Pilgerin Egeria (4.Jh.) wie auch der frühmittelalterliche Bischof Willibald von Eichstätt (8.Jh.) hielten sich über Jahre im Heiligen Land auf, waren mehrmals für längere Zeit in Jerusalem und beschrieben zum Teil sehr genau die kirchlichen Bräuche vor Ort – aber von einem Kreuzweg berichten sie nichts.

Die ersten, die Umgänge vom vermuteten Ort der Verurteilung Jesu zur Grabeskirche in Jerusalem abhielten, waren im 14. Jahrhundert die Franziskaner. Das bringt uns auf eine sehr interessante Spur: Es ist anzunehmen, dass der Brauch des Kreuzweges wesentlich mit Franz von Assisi zusammenhängt und mit seinen Erfahrungen während der Kreuzzüge.

Franziskus und seine Zeit

Zum besseren Verständnis müssen wir uns vor Augen führen, was die Welt zur Zeit des heiligen Franziskus prägt: Franziskus lebt in einer Epoche, in der sich erste Risse in der wohlgefügten Welt des hohen Mittelalters zeigen. Die Welt ist unruhig geworden, Ketzerbewegungen entstehen. In Deutschland und Italien herrscht der Stauferkaiser Friedrich II: Von den einen wird er „stupor mundi" genannt, das „Staunen der Welt", angesichts des unglaublichen Wissens, das er an seinem Hof in Sizilien und Apulien versammelt; andere halten ihn für den Antichristen, einen Vorboten des nahenden Weltendes. Dieser aufgeklärte, fast freigeistige Kaiser ist zugleich jener, der zum ersten Mal Ketzergesetze erlässt, der die Ketzer verfolgen und verurteilen lässt – aus rein politischen Gründen: Er muss sein Reich zusammenhalten. Denn Abfall von der hergebrachten Glaubensweise bedeutet für ihn auch Abfall vom Kaiser, Abfall ganzer Städte und Provinzen, wenn man nicht früh genug dagegen vorgeht. So beginnt die Inquisition.

In dieser Zeit gründet Dominikus seinen Predigerorden, um durch geduldiges Belehren gewaltlos die Abweichler zu überzeugen. Zeitgleich beginnt Franziskus mit seiner Armutsbewegung; mit ihm als Vorbild verlässt Elisabeth von Thüringen ihre Burg, um sich der Pflege der Armen und Kranken zu widmen.

Eine neue Spiritualität

Die geistige Welt des Abendlandes beginnt sich also zu wandeln. Auch in der Kunst ist das abzulesen: Bis in die Zeit des heiligen Franziskus wird Christus vor allem als thronender König dargestellt; Kreuzesdarstellungen zeigen ihn aufrecht, mit offenen Augen als Sieger, in königlicher Haltung und in ein kostbares Tuch gehüllt. Zur Gotik hin wandelt sich das Bild: Als leidender, geschundener Mann am Kreuz wird Christus nun gezeigt; Darstellungen des Schmerzensmannes kommen auf; auch das Bild Mariens, die ihren toten Sohn hält (Pietà oder Vesperbild) findet in dieser Zeit Verbreitung.

Jesus und Maria werden sozusagen „aus dem königlichen Gold geholt" und als Menschen wie du und ich gezeigt, auch als leidende Menschen. Man bemüht sich in den Bildern nicht mehr so sehr die Hoheit der biblischen Personen darzustellen, sondern man sucht die Nähe zu Jesus und seiner Mutter, gleichsam die Begegnung mit einem Menschen, der die Not des betenden Betrachters kennt.

Die Kreuzzüge

Das Interesse am irdischen Leben Jesu wird zum Zeitgeist, allerdings auch in hoch problematischer Form: Die Kreuzzüge sollen die heiligen Stätten, wo Jesus einst lebte, von den „Ungläubigen" befreien und zurückerobern. Was von den meisten der Kreuzzugsteilnehmer in frommem Idealismus begonnen wurde, verrohte bald schon während der langen Kriegsreise und endete in Gemetzel und Raublust. Sogar das christliche Konstantinopel/Byzanz wurde auf dem 4. Kreuzzug um 1202-04 – von Brüdern im Glauben! – überfallen und ausgeraubt.

Auch Franziskus zieht zwischen 1219 und 1221 ins Heilige Land – um des Friedens willen. Er geht ohne Waffen, stellt sich mitten zwischen die feindlichen Heere. Frieden zu stiften gelingt ihm nicht. Aber er erwirkt die Achtung, ja die Freundschaft des Sultans Al-Kamil und als Anerkennung einen Schutzbrief, der ihm erlaubt sich trotz der Kriegszeit frei im Heiligen Land zu bewegen.

Franziskus' Erfahrung im Heiligen Land

Auf seiner Reise im Heiligen Land bewegt sich Franziskus nicht nur äußerlich auf derselben Erde, denselben Wegen und Stätten wie Jesus – er lässt sich vor allem auch innerlich zutiefst bewegen. Franziskus wird durch seinen

Aufenthalt und durch sein Verweilen an den heiligen Stätten überwältigend deutlich, dass Jesus – im großen Glaubensbekenntnis als „Gott von Gott, Licht vom Licht" benannt – nicht nur in der Lehre der Kirche als wahrer Mensch geglaubt wird, sondern dass dies wirklich Realität war, dass er wirklich als Mensch gelebt hat! Und dieses irdische Leben Jesu gewinnt hier für ihn Farbe und Gestalt.

Diese Erfahrung muss Franziskus durch und durch bewegt haben, prägt sie doch fortan seine Spiritualität. Und in der Folgezeit möchte er auch andere an diesem Erleben teilhaben lassen, er will auch für sie das Leben Jesu nachvollziehbar machen. So lässt Franziskus im Jahre 1223, zwei Jahre nach der Rückkehr aus Palästina, in einer Höhle bei Greccio die Krippe von Bethlehem im Weihnachtsgottesdienst mit lebenden Menschen und Tieren darstellen und wird so zum „Erfinder" der Weihnachtskrippe.

In diese Reihe würde sich die Anregung zum Nachgehen und Beten des Kreuzweges nahtlos einfügen, denn es geht dabei um eine religiöse Grunderfahrung, die untrennbar zur Persönlichkeit des Heiligen Franziskus gehört.

Der Kreuzweg als franziskanisches Gebet

Es waren dann tatsächlich Franziskaner, die damit anfingen in Jerusalem den Kreuzweg Jesu im Geist ihres Ordensgründers nachzugehen. Ihnen schlossen sich immer mehr Pilger an und brachten den Brauch anschließend zurück in ihre Heimat.

Franziskaner und Kapuziner waren es auch, die bis in die jüngste Zeit das kirchlich verbriefte Vorrecht hatten, Kreuzwegbilder in Kirchen zu segnen. Der Kreuzweg war sozusagen „geistiges Eigentum" der franziskanischen Gemeinschaften.

Dieser Gedankengang kann uns Hinweise dafür geben, in welchem Geist der Kreuzweg gebetet sein will:
- Im Kreuzweg stelle ich mich der Frage, warum Jesus sich freiwillig hingegeben hat.
- Im Kreuzweg gehe ich Jesu Sterbensweg nach und begegne ihm dabei auf ganz menschlicher, persönlicher Ebene.

Mein Leiden = mein Kreuz?

Im Volksmund ist das fast ein Synonym: „Mein Leiden" als „mein Kreuz". Diese volkstümliche Auffassung hält sich ja scheinbar an das Wort Jesu: „Wer mein

Jünger sein will, der verleugne sich selbst, nehme täglich sein Kreuz auf sich und folge mir nach" (Lukas 9,23) – so wird meist abgekürzt zitiert. Aber die Deutung, die so einfach mein persönlich-privates Leid mit dem Kreuztragen in eins setzt, greift zu kurz, sie lässt nämlich die zweite Hälfte des Ausspruches Jesu (Lukas 9,24) weg: „Denn wer sein Leben retten will, wird es verlieren; wer aber sein Leben um meinetwillen verliert, der wird es retten." Um Jesu willen also, um der Nachfolge willen sein Leben einsetzen, das heißt „sein Kreuz tragen".

Es geht hier wirklich um Nachfolge, die den Kreuzweg massiver Nachteile mit sich bringen kann, bis hin zum Verlust des Lebens. Nachfolge als ein Lebens-Zeugnis des Glaubens, um ein Leben im alltäglichen Einsatz der Zuwendung und Barmherzigkeit gegenüber dem Mitmenschen, das nie folgenlos bleibt: Verzicht auf Bequemlichkeit, Verlust von Karrierechancen (wie etwa in DDR-Zeiten), Hinnahme von Verweigerung höherer Schulbildung bis hin zu Gefängnis und Verschleppung. Oder gar noch heute in manchen Teilen dieser Welt: Martyrium.

Das letzte Wort hat Gott

Jesus hat auf dieses Warum des Leidens keine Antwort gegeben. Aber er hat Größeres getan: Er hat die Bosheit der Menschen, die Verurteilung und den Kreuzweg bis zum Tod auf sich genommen, um uns unwiderruflich zu zeigen: All dieses Leid der Welt hat nicht das letzte Wort. Auch nicht die Bosheit, weder die der anderen noch unsere eigene (denn wie leicht vergessen wir, dass wir nicht nur Opfer, sondern oft genug auch Täter sind).

Aber sein Wort gilt: Ich, Jesus, nehme all das auf mich, lasse das mit mir machen – und trage es durch den Tod hindurch hinein in Gottes Liebe, zu Auferstehung und Heil. Der Abgrund des verborgenen Gottes offenbart sich in Christus als der Abgrund der Liebe. Das ist unser Glaube und unsere Zuversicht.

Der uns trägt

Diese Zuversicht verbindet auch das ganz persönliche Leiden mit dem Kreuzweg Jesu. „Denn wir haben ja nicht einen Hohenpriester, der nicht mitfühlen könnte mit unserer Schwäche." (Hebräer 4,15) Er kennt Leid und Schmerz aus seiner Erdenzeit, durch seinen Kreuzweg.

Das kann uns im Beten des Kreuzweges immer wieder eindrücklich und greifbar werden. Wir können ganz sicher sein, dass er uns versteht und unser banges Herz trösten und stillen will. Auch wenn Leiden und Schmerz nicht aufgehoben werden, so will er uns doch mitten im Leid tragen, uns hindurchtragen. Und wir dürfen wissen, dass er uns hineinnimmt in sein göttliches Erbarmen.

*„Wenn mir am allerbängsten
wird um das Herze sein,
dann reiß mich aus den Ängsten
kraft deiner Angst und Pein."*

So formuliert Paul Gerhardt in der 5. Strophe des Passionsliedes „O Haupt voll Blut und Wunden" (GL 179). Es ist damit auch zum Ausdruck gebracht: Weil unser Gott Christus aus dem Tod in die Auferstehung geführt hat, dürfen wir in seiner Nachfolge schon heute „manchmal mitten am Tag ein Fest der Auferstehung" feiern. In der Welt haben wir Bedrängnis, Leid und Schmerz. Doch wir dürfen getrost sein: Er hat all dies besiegt.

Erich Schredl

KLASSISCHER KREUZWEG ALS GEMEINDE-ANDACHT

ZIELGRUPPE:
All jene, die in einer Pfarrgemeinde ohnehin gerne mitbeten. Dazu: Junge Erwachsene und alle religiös Aufgeschlossenen.

GRUPPENGRÖSSE:
Beliebig

ZEIT:
Etwa 45 Minuten

CHANCEN:
Wenn eine liturgische Form die Möglichkeit bietet, als Gruppe in Bewegung zu kommen, sollte man sie nutzen: Der äußere Weg ermöglicht, dass die Teilnehmer auch innerlich bewegt werden.

HINWEISE:
Mancherorts gibt es Kreuzweg-Stationen im Freien, oft in Verbindung mit einem Berg oder einer Kapelle. Hier bietet sich an, den vorhandenen Weg mit seinen Stationen zu nutzen. In einigen Kirchen sind die Kreuzwegbilder so angebracht, dass man sie abschreiten kann. Wenn in der Kirche gar keine Möglichkeit besteht, den Weg nach den Stationen zu gestalten, können (für eine kleine Gruppe, bis zu acht Personen) wenigstens drei Orte eingeplant werden: Den Beginn und die ersten drei Stationen im Eingangsbereich der Kirche, die weiteren Stationen im Bereich der Bestuhlung und die letzten drei Stationen mit dem Abschluss im Altarbereich.

MATERIALIEN:
Für jeden Teilnehmer Kopien der Lieder GL 178 und GL 185 und dem Gebetsruf.

CHECKLISTE:
- ❑ *Planung (Zeit usw.) im Pfarrbüro abklären*
- ❑ *Ansprechen von Mitwirkenden*
- ❑ *Treffen im Vorbereitungsteam*
- ❑ *Ankündigung in Pfarrbrief und Homepage*
- ❑ *Ankündigung in der Regionalzeitung*
- ❑ *Vermeldung in den Gottesdiensten*

ÜBERLEGUNGEN ZUM THEMA

Die Andachtsform des Kreuzweges ist von ihrem Ursprung her ein Weg, den man tatsächlich geht, eine Pilgerfahrt im Kleinen: Eine Gruppe legt einen Weg mit einem bestimmten Anfangs- und Zielpunkt zurück. Damit sind die Teilnehmer der Gruppe „Pilger des Kreuzweges", der liturgische Weg kann zum Modell des persönlichen Weges des Einzelnen werden und damit seinen Alltagswegen einen neuen Impuls geben.

Erst seit der Zeit um 1700 wurden in den Kirchen Kreuzwegbilder angebracht. Da es in vielen Kirchen nicht möglich ist, von Bild zu Bild zu gehen, ist zu überlegen, ob es nicht in erreichbarer Nähe Kreuzwegstationen im Freien gibt.

Dieses Modell will aber auch durch den inneren Aufbau eine Bewegung ermöglichen: Zuerst wird die Gestalt Jesu betrachtet, wie er uns in der jeweiligen Station begegnet. Dieses Jesus-Bild wird durch das dreimalige Erklingen des Liedtextes aus dem Gotteslob ergänzt und verinnerlicht. Indem die jeweilige Strophe zuerst (von V 1) gesprochen, dann (von V 2) vorgesungen und danach von allen singend wiederholt wird, kann der einzelne Teilnehmer sein inneres Vorstellungsbild deutlicher wahrnehmen und intensiver aufnehmen. Der nächste Schritt auf dem inneren Kreuzweg ist der Blick auf sich selbst. Bei der Aneignung bringt sich der Einzelne persönlich ins Spiel und in Begegnung mit der Gestalt Jesu. Im abschließenden Gebetsruf wird der Weg Jesu mit dem gemeinsamen und je eigenen Weg verknüpft.

So kann der Kreuzweg zu einem innerlich wie äußerlich erlebten Weg werden.

BEIM ANKOMMEN

Die Teilnehmer sammeln sich im Freien an der ersten Station bzw. in der Kirche. Vor der Eröffnung erhält jeder Teilnehmer eine Kopie des Gebetsrufs. Für den Weg im Freien sollten auch die Lieder GL 178 und 185 kopiert sein.

ERÖFFNUNG

Lied Wir danken dir, Herr Jesu Christ *(GL 178)*

Begrüßung

V 1 Meine Schwestern und Brüder, wir beten heute nicht nur den Kreuzweg Jesu, sondern wir wollen uns von ihm auch innerlich mit auf seinen Weg nehmen lassen. Stellen wir jetzt unser Beten, Singen und Betrachten unter seinen Segen, indem wir das Kreuz über uns zeichnen:

A Im Namen des Vaters und des Sohnes und des heiligen Geistes. Amen.

ERSTE STATION: JESUS WIRD ZUM TODE VERURTEILT

Betrachtung

V 2 Jesus ist angeklagt. Unschuldig steht er vor dem Richter. Halten ihn seine Ankläger wirklich für schuldig? Was denkt der Richter? Jeder von uns würde reden in einer solchen Situation; würde versuchen, alles richtigzustellen. Jesus aber schweigt. Wenn die Blicke von Pilatus und Jesus sich treffen – was werden die Blicke einander sagen?

Vertiefung

GL 185, 1. Strophe; gesprochen, vorgesungen oder gesungen

Aneignung

V 1 Schon wenn mir begründet etwas vorgeworfen wird, versuche ich mich zu rechtfertigen: „So war es nicht." „Es war doch nur gut gemeint." Aber nun gar ein ungerechter Vorwurf, eine gemeine Verleumdung?

V 2 Du, Jesus, stehst nur da und schaust ihn an; ohne Hass, ohne Zorn. Nicht einmal ein Vorwurf ist in deinem Blick. Warum? Warum gehst du diesen Weg für uns?

Gebetsruf

V 1 Den gleichen Weg ist unser Gott gegangen;
A Den gleichen Weg ist unser Gott gegangen;
V 1 und so ist er für dich und mich das Leben selbst geworden;
A und so ist er für dich und mich das Leben selbst geworden.

ZWEITE STATION: JESUS NIMMT DAS KREUZ AUF SEINE SCHULTERN

Betrachtung

V 2 Jesus muss wie alle Verurteilten den Querbalken des Kreuzes selbst zur Hinrichtungsstätte tragen. Er muss also das Werkzeug seiner Qual eigenhändig herbeischaffen. Das Instrument seines Todes soll ihm schon auf dem Weg vertraut werden. Alles in uns würde sich dagegen wehren. Jesus aber nimmt den Kreuzesbalken auf.

Vertiefung

GL 185, 2. Strophe; gesprochen, vorgesungen oder gesungen

Aneignung

V 1 Etwas zum eigenen Nachteil oder Schaden auf mich zu nehmen, empfinde ich als Zumutung. Sich sträuben und wehren gegen Ungerechtigkeit, das ist menschlich gesehen richtig und sinnvoll. Es sei denn, ich nehme es auf mich um der größeren Liebe willen.

V 2 Du, Jesus, nimmst den Kreuzesbalken auf dich; du lässt dir deinen kommenden Tod auflasten. Warum? Liebst du uns so sehr?

Gebetsruf

(GL 183, 5. Strophe; Text: Huub Oosterhuis)

V 1 Diesen Weg ist unser Gott gegangen;
A   Diesen Weg ist unser Gott gegangen;
V 1 und so ist er für dich und mich das Leben selbst geworden;
A   und so ist er für dich und mich das Leben selbst geworden.

DRITTE STATION: JESUS FÄLLT ZUM ERSTEN MAL UNTER DEM KREUZ

Betrachtung

V 2 Jesus fällt auf den Weg hin. Ist er gestolpert? Hat ihm einer den Fuß gestellt? Hat er einen Schwächeanfall? Wie auch immer: Wer hinfällt, dessen Weg ist infrage gestellt; er muss damit rechnen, dass er es nicht schafft. Auch wenn er sich aufrafft und weitergeht – von jetzt an geht das Scheitern mit ihm.

Vertiefung

GL 185, 3. Strophe; gesprochen, vorgesungen oder gesungen

Aneignung

V 1 Wenn mir etwas danebengeht, dann droht oft schon die Verzweiflung.
V 2 Du, Jesus, liegst am Boden und kämpfst dich wieder hoch. Wie weit schaffst du es noch?

Gebetsruf

(GL 183, 5. Strophe; Text: Huub Oosterhuis)

V 1 Den gleichen Weg ist unser Gott gegangen;
A   Den gleichen Weg ist unser Gott gegangen;
V 1 und so ist er für dich und mich
     das Leben selbst geworden;
A   und so ist er für dich und mich
     das Leben selbst geworden.

VIERTE STATION: JESUS BEGEGNET SEINER MUTTER

Betrachtung

V 2 Maria wartet am Wegrand darauf, dass ihr Sohn vorbeikommt. Er soll sehen, dass sie da ist. Oft hatte sie ihn nicht verstanden, oft war sein Verhalten ihr fremd. Nun treffen sich ihre Blicke. Wie nah sind sie einander in diesem Augenblick?

Vertiefung

GL 185, 4. Strophe; gesprochen, vorgesungen oder gesungen

Aneignung

V 1 Gerade jene, die ich am meisten liebe, machen es mir oft nicht leicht. Sie entscheiden sich anders, als ich gewünscht hätte. Am schlimmsten ist es, wenn ich zusehen muss, wie jemand leidet, und ich kann nichts tun.

V 2 Du, Jesus, sagst kein Wort zu deiner Mutter. Ist schon alles gesagt? Oder versteht ihr einander im Stillen? Du schaust sie nur stumm an. Ein Blick, der euch für immer verbindet …

Gebetsruf

(GL 183, 5. Strophe; Text: Huub Oosterhuis)

V 1 Den gleichen Weg ist unser Gott gegangen;
A   Den gleichen Weg ist unser Gott gegangen;
V 1 und so ist er für dich und mich
     das Leben selbst geworden;
A   und so ist er für dich und mich
     das Leben selbst geworden.

FÜNFTE STATION: SIMON VON ZYRENE HILFT JESUS DAS KREUZ TRAGEN

Betrachtung

V 2 Simon kommt nur zufällig vorbei, er hat ein ganz anderes Ziel. Die Söldner zwingen ihn, für Jesus das Kreuz zu tragen; sie selbst sind sich zu schade dazu. Was Simon wohl über Jesus denkt? Treffen sich ihre Blicke?

Vertiefung

GL 185, 5. Strophe; gesprochen, vorgesungen oder gesungen

Aneignung

V 1 Manchmal möchte ich mit den Schultern zucken und sagen: „Was geht das mich an? Das ist doch nicht mein Problem!" Wie käme ich dazu mir die Probleme anderer aufladen zu lassen!

V 2 Du, Jesus, wirst gar nicht gefragt. Einer nimmt dir den Balken von der Schulter. Bist du erleichtert?

Gebetsruf

(GL 183, 5. Strophe; Text: Huub Oosterhuis)

V 1 Den gleichen Weg ist unser Gott gegangen;
A   Den gleichen Weg ist unser Gott gegangen;
V 1 und so ist er für dich und mich
    das Leben selbst geworden;
A   und so ist er für dich und mich
    das Leben selbst geworden.

SECHSTE STATION: VERONIKA REICHT JESUS DAS SCHWEISSTUCH

Betrachtung

V 2 Veronika wird nicht wie Simon zu etwas gezwungen. In einer spontanen Geste wischt sie einem Verurteilten das von Blut und Schweiß überströmte Gesicht ab. Sah er so schlimm aus? Kannte sie Jesus und hatte wie Maria am Wegrand auf ihn gewartet? Sie sagt nichts zu ihm; sie kann nichts ändern. Aber sie schenkt ein wenig Menschlichkeit. Wie tief muss sein Blick sie berührt haben …

Vertiefung

GL 185, 6. Strophe; gesprochen, vorgesungen oder gesungen

Aneignung

V 1 Es ist schwer, Situationen auszuhalten, in denen ich nicht wirklich helfen kann. Meine kleinen Gesten kommen mir so hilflos und sinnlos vor.

V 2 Du, Jesus, sagst und tust nichts. Du lässt Veronika an dir barmherzig handeln; und du schenkst ihr dein unzerstörbares Bild.

Gebetsruf

(GL 183, 5. Strophe; Text: Huub Oosterhuis)

V 1 Den gleichen Weg ist unser Gott gegangen;
A   Den gleichen Weg ist unser Gott gegangen;
V 1 und so ist er für dich und mich
     das Leben selbst geworden;
A   und so ist er für dich und mich
     das Leben selbst geworden.

SIEBTE STATION: JESUS FÄLLT ZUM ZWEITEN MAL UNTER DEM KREUZ

Betrachtung

V 2 Jesus fällt ein zweites Mal. Einmal zu scheitern geht noch. Doch noch einmal? Wie schwach ist er bereits? Wird Jesus das durchhalten?

Vertiefung

GL 185, 7. Strophe; gesprochen, vorgesungen oder gesungen

Aneignung

V 1 Es gibt Dinge, an denen ich wieder und wieder scheitere. Kommt das nicht einem Urteil gleich? Als ob einer sagte: „Mit der Sache wirst du nicht fertig. Gib es auf, das ist zu viel für dich." Hier schleicht sich die Versuchung heran, sein Ziel und sich selbst aufzugeben.

V 2 Du, Jesus, stehst auch das zweite Mal wieder auf. Warum? Um deinen Weg für mich zu gehen?

Gebetsruf

(GL 183, 5. Strophe; Text: Huub Oosterhuis)

V 1 Den gleichen Weg ist unser Gott gegangen;
A   Den gleichen Weg ist unser Gott gegangen;
V 1 und so ist er für dich und mich
     das Leben selbst geworden;
A   und so ist er für dich und mich
     das Leben selbst geworden.

ACHTE STATION: JESUS BEGEGNET DEN WEINENDEN FRAUEN

Betrachtung

V 2 Eine Gruppe von Frauen stimmt die Totenklage für die Verurteilten an, noch während diese auf dem Weg zur Hinrichtung sind. Und Jesus? Er rückt ihre Klage zurecht. Er antwortet mit seiner Sorge um sie und ihre Kinder: Er sieht den Untergang Jerusalems voraus und lässt ihn sich zu Herzen gehen – obwohl er selbst dem Tod so nahe ist.

Vertiefung

GL 185, 8. Strophe; gesprochen, vorgesungen oder gesungen

Aneignung

V 1 Wie reagiere ich auf das Leid anderer? Kann ich mit ihnen weinen und klagen? Wie schnell tröste ich jemand ab? Oder erzähle ich nur von mir selbst?

V 2 Du, Jesus, schaust über dein eigenes Leid hinaus und lässt dich vom Schicksal anderer berühren. Wie kannst du das?

Gebetsruf

(GL 183, 5. Strophe; Text: Huub Oosterhuis)

V 1 Den gleichen Weg ist unser Gott gegangen;
A   Den gleichen Weg ist unser Gott gegangen;
V 1 und so ist er für dich und mich
     das Leben selbst geworden;
A   und so ist er für dich und mich
     das Leben selbst geworden.

NEUNTE STATION: JESUS FÄLLT ZUM DRITTEN MAL UNTER DEM KREUZ

Betrachtung

V 2 Jesus fällt ein drittes Mal zu Boden: Jesus ist wirklich am Ende. Er hat keine Kraft mehr. Die Söldner müssen ihn hochzerren und weiterschleppen. Jesus könnte sich von ihnen mitschleifen lassen, aber mit mehr Willen als Kraft versucht er seine Füße mitzubewegen.

Vertiefung

GL 185, 9. Strophe; gesprochen, vorgesungen oder gesungen

Aneignung

V 1 Wie niederdrückend, gar keine Kraft mehr zu haben, ganz und gar am Boden zu sein, wenn auch noch das allerletzte Vertrauen in die eigene Kraft dahin ist.

V 2 Du, Jesus, bist völlig am Ende, und setzt doch noch Fuß vor Fuß, nur um zu deinem Tod zu kommen. Warum? Um mich aufzurichten?

Gebetsruf

(GL 183, 5. Strophe; Text: Huub Oosterhuis)

V 1 Den gleichen Weg ist unser Gott gegangen;
A   Den gleichen Weg ist unser Gott gegangen;
V 1 und so ist er für dich und mich
      das Leben selbst geworden;
A   und so ist er für dich und mich
      das Leben selbst geworden.

ZEHNTE STATION: JESUS WIRD SEINER KLEIDER BERAUBT

Betrachtung
V 2 Jesus wird alles genommen. Es geht nicht nur darum, an sein Gewand zu kommen: Kleider sind auch Schutz. Nun ist er ganz den Blicken der Gaffer ausgesetzt. Einem erklärten Opfer gegenüber erlaubt man sich jede Schamlosigkeit.

Vertiefung
GL 185, 10. Strophe.; gesprochen, vorgesungen oder gesungen

Aneignung
V 1 In extremen Situationen legen Menschen oft allen Respekt ab und zeigen ihre nackte Grausamkeit. Und diese Nacktheit ist entblößender als die der Opfer.
V 2 Du, Jesus, erfährst am eigenen Leib, was es bedeutet, wenn Menschen anderen hilflos ausgeliefert sind. Warum lässt du dir das antun? Um den Opfern dieser Welt in allem gleich zu werden?

Gebetsruf
(GL 183, 5. Strophe; Text: Huub Oosterhuis)

V 1 Den gleichen Weg ist unser Gott gegangen;
A   Den gleichen Weg ist unser Gott gegangen;
V 1 und so ist er für dich und mich
     das Leben selbst geworden;
A   und so ist er für dich und mich
     das Leben selbst geworden.

ELFTE STATION: JESUS WIRD AN DAS KREUZ GENAGELT

Betrachtung

V 2 Jesus wird an Händen und Füßen ans Kreuz genagelt; er kann weder Arme noch Beine bewegen, er ist völlig ausgeliefert. Wie ist es einem zumute, der selbst nichts mehr tun kann als auf das Ende zu warten?

Vertiefung

GL 185, 11. Strophe; gesprochen, vorgesungen oder gesungen

Aneignung

V 1 Anderen hilflos ausgeliefert zu sein. Ihrer Bosheit, ihrer Ablehnung, ihrer Gefühlskälte. Von allen verlassen. Sich selbst verlorengegangen zu sein – und Gott?

V 2 Du, Jesus, hast am Kreuz geschrien: „Mein Gott, mein Gott, warum hast du mich verlassen?" Hast du auch die letzte Verbindung zum Vater nicht mehr gespürt? Bist du auch noch dem allerverlorensten Menschen gleich geworden – um so uns Verlorene zu finden?

Gebetsruf

(GL 183, 5. Strophe; Text: Huub Oosterhuis)

V 1 Den gleichen Weg ist unser Gott gegangen;
A   Den gleichen Weg ist unser Gott gegangen;
V 1 und so ist er für dich und mich
      das Leben selbst geworden;
A   und so ist er für dich und mich
      das Leben selbst geworden.

ZWÖLFTE STATION: JESUS STIRBT AM KREUZ

Betrachtung

V 2 Der Moment des Todes kann ein Augenblick tiefer Stille sein. Der Kampf ist vorbei, der Atem versiegt, die Muskeln erschlafft. Als würde für einen Moment alles den Atem anhalten. Jetzt gibt es nichts zu sagen. Halten wir Stille.

Stille für eine angemessene Zeit

Vertiefung

GL 185, 12. Strophe; gesprochen, vorgesungen oder gesungen

Aneignung

V 1 Manchmal denke ich an meinen Tod. Wie wird es sein, mein ganz eigenes Sterben, mein eigener Tod? Ob ich mir dabei von Jesus helfen lasse?

V 2 Du, Jesus, bist uns Menschen ganz gleich geworden. Sogar bis in den Tod. Was macht deinen Tod so anders? Weil er für uns geschah?

Gebetsruf

(GL 183, 5. Strophe; Text: Huub Oosterhuis)

V 1 Den gleichen Weg ist unser Gott gegangen;

A Den gleichen Weg ist unser Gott gegangen;

V 1 und so ist er für dich und mich
das Leben selbst geworden;

A und so ist er für dich und mich
das Leben selbst geworden.

DREIZEHNTE STATION: JESUS WIRD VOM KREUZ ABGENOMMEN UND IN DEN SCHOSS SEINER MUTTER GELEGT

Betrachtung

V 2 Jesus wird vom Kreuz genommen. Seine Mutter ist da; sie will ihn noch einmal halten, da sie ihn nicht im Leben halten konnte. Nur ein Moment der Stille, des Abschieds ist ihr gegönnt. Trauer um den Sohn, dem ihre ganze Liebe galt. Nun ist da nur noch Schmerz.

Vertiefung

GL 185, 13. Strophe; gesprochen, vorgesungen oder gesungen

Aneignung

V 1 Beim Verlust eines Menschen, den ich liebte, bleibt erst einmal nur Schmerz. Schmerz und große Leere.

V 2 Und Gott? Bleibt er mir? Bleibt er bei mir? Maria, bleibe du und tröste mich mit deinem Schmerz.

Gebetsruf

(GL 183, 5. Strophe; Text: Huub Oosterhuis)

V 1 Den gleichen Weg ist unser Gott gegangen;
A   Den gleichen Weg ist unser Gott gegangen;
V 1 und so ist er für dich und mich
     das Leben selbst geworden;
A   und so ist er für dich und mich
     das Leben selbst geworden.

VIERZEHNTE STATION: DER HEILIGE LEICHNAM JESU WIRD IN DAS GRAB GELEGT

Betrachtung

V 2 Jesus wird in das Grab gelegt. Er ist tot. Mit dem Verschließen des Grabes scheint alles abgeschlossen, endgültig.

Vertiefung

GL 185, 14. Strophe; gesprochen, vorgesungen oder gesungen

Aneignung

V 1 Du, Jesus, bist wirklich tot gewesen. Du wurdest auferstehend nicht einfach wie vorher. Du wurdest ganz unerhört neu lebendig, bist selbst das Leben geworden für uns.

V 2 Dein Tod für uns und deine Auferstehung ist unser Weg zu Gott – das ist die stärkste Hoffnung, die wir haben.

Gebetsruf

(GL 183, 5. Strophe; Text: Huub Oosterhuis)

V 1 Den gleichen Weg ist unser Gott gegangen;
A   Den gleichen Weg ist unser Gott gegangen;
V 1 und so ist er für dich und mich
     das Leben selbst geworden;
A   und so ist er für dich und mich
     das Leben selbst geworden.

ABSCHLUSS

Schlusswort

V 2 Im Kreuz Jesu segnen wir uns. Als Beginn jedes Gebetes und jedes Gottesdienstes zeichnen wir Jesu Kreuz über unseren Leib. Damit machen wir uns sein Kreuz zu eigen.

V 1 Das Kreuz als Zeichen der Hinrichtung und des Todes wurde durch Jesu Tod und seine Auferstehung gewandelt: Es ist nicht mehr Todeszeichen, sondern Zeichen des Lebens und der Hoffnung.

Segensbitte

V 2 Lassen wir uns in diesem Zeichen segnen und zeichnen wir dabei das Kreuz langsam und aufmerksam über uns.

V 1 Wir beten dich an, Herr Jesus Christus und preisen dich, weil du durch dein heiliges Kreuz die Welt erlöst hast. In deinem Kreuz lassen wir uns segnen:

A Im Namen des Vaters und des Sohnes und des Heiligen Geistes. Amen.

V 1 Lasst uns gehen in Frieden.

A Dank sei Gott, dem Herrn

FRANZISKUS-KREUZWEG

ZIELGRUPPE:
Jugendliche und junge Erwachsene, aber auch andere Interessierte

GRUPPENGRÖSSE:
Beliebig

ZEIT:
45 bis 50 Minuten

CHANCEN:
Den Weg der Nachfolge des Heiligen Franziskus von Assisi meditativ miterleben.

HINWEISE:
Im Hinblick auf die Struktur des Gottesdienstes empfiehlt sich der Altarbereich als Ort. In der Mitte befindet sich ein Kreuz; neben den Liedblättern, den Blätter mit dem Sonnengesang steht für jeden Teilnehmer ein Teelicht am Eingang bereit.

MATERIALIEN:
Texte für die Vortragenden, CD-Spieler und CD mit meditativer Musik (z.B. Willy Astor, The Sound of Islands, 1994), Teelichter, Kopien des Sonnengesangs

CHECKLISTE:
- ❑ *Planung (Zeit usw.) im Pfarrbüro abklären*
- ❑ *Ansprechen von Mitwirkenden*
- ❑ *Treffen im Vorbereitungsteam*
- ❑ *Ankündigung im Pfarrbrief / Homepage*
- ❑ *Ankündigung in der Regionalzeitung*
- ❑ *Vermeldung in den Gottesdiensten*
- ❑ *Sonnengesang als Kopie zum Mitnehmen*
- ❑ *ein Teelicht für jeden Teilnehmer*

Alternative auf der CD-ROM

Neben dem hier vorliegenden Gottesdienstmodell bietet sich dieser Kreuzweg auch in Form einer szenischen Lesung an. Die Gestaltung ist dabei freier, der Rahmen des Kreuzwegs weniger auf eine liturgische Situation zugeschnitten. Schule, Firmgruppen oder Jugendgruppenstunden sind demnach als Orte möglich. Die alternative Form findet sich auf der CD-ROM.

ÜBERLEGUNGEN ZUM THEMA

Der vorliegende Kreuzweg wählt einen ungewohnten Zugang zum Kreuzweg. Jedoch mag gerade der Blick auf das Kreuz Jesu aus der Perspektive des Franz von Assisi, der den Weg der Kreuzes-Nachfolge bewusst gegangen ist, neue und tiefere Einsichten vermitteln. Vielleicht kann so besonders jenen Menschen ein neuer Zugang zum Leiden und Sterben Jesu eröffnet werden, denen die traditionellen Formen kirchlichen Betens nur schwer zugänglich sind.

ERÖFFNUNG

V 1   Der Kreuzweg des Franziskus, den wir heute miteinander begehen wollen, hat eine ungewöhnliche Form. Er folgt nicht den Stationen, die Jesus gemäß der Tradition selbst erlebt hat; unser Leitmotto ist vielmehr der Ausspruch Jesu: „Wer mein Jünger sein will, der verleugne sich selbst, nehme sein Kreuz auf sich und folge mir nach. Denn wer sein Leben retten will, wird es verlieren; wer aber sein Leben um meinetwillen und um des Evangeliums willen verliert, wird es retten." (Markus 8,34ff.)

Machen wir uns bewusst auf den Weg und beginnen den Gottesdienst im Zeichen des dreieinen Gottes, des Vaters und des Sohnes und des Heiligen Geistes. Amen.

V 2   Meinen Kreuzweg gehen, mein Kreuz auf mich nehmen, das heißt: In der Nachfolge Jesu das freiwillig auf mich nehmen, was die Nachfolge von mir verlangt – an Veränderung meines Lebens; an Mut zum Einsatz; an Mut zum Zeugnis; an Mut zur tätigen Liebe und an Mut zum Widerspruch.

V 1 Damit kann man anstoßen, dafür kann man geächtet werden, materielle Nachteile erfahren und – in vielen Teilen der Welt noch heute – misshandelt werden, ins Gefängnis geworfen, verschleppt oder ermordet; wie viele Christen seit der Zeit der Apostel.

V 2 Franziskus, der im Hochmittelalter lebte, war kein Märtyrer. Aber er war ein Mensch in der Nachfolge Jesu, in radikaler Nachfolge. Er stülpte sein ganzes Leben um, um diese Nachfolge zu leben. Er nahm Verachtung und Verzicht auf sich und gab all seine Kraft in seine Berufung hinein. Dieser Einsatz mit all dem, was es ihn kostete: Das war seine Weise, das Kreuz der Nachfolge zu tragen. Mit allen Rückschlägen und Schmerzen dazu berufen, den Menschen neu die Augen zu öffnen, Jesus neu zu sehen und sich selbst von ihm verändern zu lassen. Das war sein Kreuz, das Kreuz des Franziskus. Er nahm es auf sich, um Jesus nachzufolgen.

Musik-Einspielung
Als Vorschlag: Willy Astor, The Sound of Islands: The Sound of Islands, Nr. 7

ERSTE STATION: WO IST DEIN PLATZ?
FRANZ TRÄUMT IN SPOLETO

V 1 Franziskus ist ein reicher Kaufmannssohn in Assisi. Er genießt sein Luxusleben in vollen Zügen. Ganz wie andere aufstrebende Kaufleute seiner Zeit ihren Aufstieg an den Gipfel der Macht betreiben, so träumt Franz vom Rittertum, von Geld, Macht und Einfluss. Er bricht zu einem Feldzug auf, um sich den Ritterschlag zu verdienen. Im Feldlager fragt ihn eine Stimme im Traum: Wem willst du dienen – dem Herrn oder dem Knecht? Franz erkennt, dass auch der Kriegsherr nur ein Knecht ist, er kehrt um und sucht nach dem wirklichen Ziel seines Weges, nach dem wahren Herrn seines Lebens.

V 2 Ein Kreuzweg ist ein Weg der Nachfolge. Auch wenn man es nicht gleich bemerkt. Franz fragt sich, wonach er sein Leben wirklich ausrichten will. Er beginnt, auf seine innere Stimme mehr zu hören als auf die Stimmen von außen.

Lied
„Da berühren sich Himmel und Erde" *(1. Strophe)*

2. Wo Menschen sich verschenken, die Liebe bedenken,
und neu beginnen, ganz neu, da berühren …

3. Wo Menschen sich verbünden, den Hass überwinden,
und neu beginnen, ganz neu, da berühren …

T: Thomas Laubach; M: Christoph Lehmann; aus: Gib der Hoffnung ein Gesicht, 1989 alle Rechte im tvd-Verlag Düsseldorf

ZWEITE STATION: WO SUCHST UND WO FINDEST DU?
FRANZ BEGEGNET DEM AUSSÄTZIGEN

V 1 Vor nichts ekelte sich Franz mehr als vor Leuten mit Lepra, mit Aussatz; schon wenn er von ihnen reden hörte, lief er davon. Als Franz unterwegs völlig überraschend vor einem Aussätzigen steht, unterdrückt er seinen Impuls wegzulaufen.
Er bleibt stehen, schaut sich den Kranken an und erkennt darin seinen Mitmenschen. In dem Moment, in dem Franz den Aussätzigen so begrüßt, wie es unter Freunden und in der Familie üblich ist, also mit einem Wangenkuss, weiß er, dass er etwas Wesentliches entdeckt hat: Der andere ist mein Bruder, in ihm ist Christus mein Bruder. So wird aus Franz von Assisi der Bruder Franz.

V 2 Der Kreuzweg geht nicht am anderen vorbei, sondern genau durch ihn und über ihn auf Gott zu. Anderen geschwisterlich begegnen macht auch mich geschwisterlich.

Lied
„Da berühren sich Himmel und Erde" *(2. Strophe)*

DRITTE STATION: WOVON LÄSST DU DICH ANSPRECHEN?
FRANZ HÖRT AUF DAS KREUZ IN SAN DAMIANO

V 1 Franz weiß nicht recht, wohin oder an wen er sich wenden soll. Er sucht einsame Orte auf, um sich über seinen Weg klar zu werden. In Kirchen fühlt er sich sonderbar wohl. Er beginnt ein Gebet immer wieder zu sagen, das in seinem Testament überliefert ist:
„Wir beten dich an, Herr Jesus Christus in allen deinen Kirchen, die in der ganzen Welt sind, und preisen dich, weil du durch dein heiliges Kreuz die Welt erlöst hast." In diesem Gebet sucht er nach Antwort. Franz ist besonders gerne in der kleinen, verfallenen Kirche San Damiano. Dort gibt es ein Kreuzbild, das er lange anschaut. Es spricht ihn an; und Franz lässt sich von diesem Bild ansprechen. Franz schaut es so lange mit offenem Herzen an, bis er meint, den Gekreuzigten zu sich

sprechen zu hören: „Franz, bau meine Kirche wieder auf." Franz nimmt das ganz wörtlich und beginnt, dieses Kirchlein und dann einige andere in der Umgebung seiner Heimatstadt zu renovieren.

V 2 Eine Suche nach dem Sinn braucht Orientierung. An irgendeinem Punkt muss ich anfangen: Ein Ort, der mich anspricht, den Blick auf das Kreuz, ein Gebet, das aus meinem Herzen kommt. Wovon lasse ich mich ansprechen?
Menschen brauchen Orte, an denen sie sich beheimaten können. Orte, die ihnen helfen, lebendige Steine zu werden. Hat nicht Jesus immer seine Kirche mit konkreten Menschen aufgebaut? Du selbst bist der Stein, aus dem Gottes Haus in dieser Welt gebaut wird.

Lied
„Da berühren sich Himmel und Erde" *(3. Strophe)*

VIERTE STATION: TUST DU, WAS DU GLAUBST? FRANZ HÖRT DAS EVANGELIUM NEU

V 1 Franz weiß immer noch nicht, wie sein Weg wirklich aussehen soll. Da hört er eines Tages einen Text aus dem Evangelium, und nun ist für ihn alles klar: Er will das Leben nachleben, das Jesus geführt hat. Franz beginnt, arm umherzuziehen und zu predigen.

V 2 Die Botschaft Jesu ist nicht etwas, um darüber zu diskutieren – Franz will sie ausprobieren. Er will den Weg Jesu nachgehen und als seinen eigenen Weg entdecken. So beginnt der Kreuzweg für Franz. Der Kreuzweg ist ein Weg der Nachfolge.

V 1 Aus dem heiligen Evangelium nach Matthäus *(Mt 10,7–13)*
In jener Zeit sprach Jesus: Geht und verkündet: Das Himmelreich ist nahe. Heilt Kranke, weckt Tote auf, macht Aussätzige rein, treibt Dämonen aus! Umsonst habt ihr empfangen, umsonst sollt ihr geben. Steckt nicht Gold, Silber und Kupfermünzen in euren Gürtel. Nehmt keine Vorratstasche mit auf den Weg, kein zweites Hemd, keine Schuhe, keinen Wanderstab; denn wer arbeitet, hat ein Recht auf seinen Unterhalt.

Wenn ihr in eine Stadt oder in ein Dorf kommt, erkundigt euch, wer es wert ist, euch aufzunehmen; bei ihm bleibt, bis ihr den Ort wieder verlasst. Wenn ihr in ein Haus kommt, dann wünscht ihm Frieden. Wenn das Haus es wert ist, soll der Friede, den ihr ihm wünscht, bei ihm einkehren.

Evangelium unseres Herrn, Jesus Christus.
A   Lob sei dir Christus.

Meditation
V 2   Nachfolge Jesu kennt viele Wege, viele Orte und Begegnungen, kennt viele Herausforderungen. Halten wir inne und bringen im stillen Gebet unsere Ängste und Sorgen, aber auch unsere Momente von Glück und Freude vor Gott. Als Zeichen für unsere Verbundenheit zum Weg Jesu dürfen wir eine Kerze entzünden und sie zum Kreuz stellen.

Musik-Einspielung
Als Vorschlag: Willy Astor, The Sound of Island: Lancelot (Nr. 5)
– ggf. wiederholen oder weiteres Lied vorsehen

LETZTE STATION: WAS ERWARTEST DU? FRANZ SINGT DEN SONNENGESANG

V 1   Am Ende seines Lebens blickt Franz zurück auf seine Jahre der Hingabe, des Friedenstiftens und der Umkehr. Er liegt auf dem Sterbebett, und hier, genau am Rand seines Lebens, sieht er noch einmal weit über den Rand menschlicher Möglichkeiten hinaus: Er dichtet den Sonnengesang als jubelndes Lied der Hoffnung.
V 2   Wer den Weg der Nachfolge bis zum Ende geht, darf dies im Glück der Auferstehung tun.

Der Sonnengesang
V1   Gemeinsam lasst uns Gott unsern Schöpfer und Herren im Sonnengesang des Franziskus loben:

A   Sei gepriesen, guter Herr.
Dir allein gebührt die Ehre.
Dich zu nennen ist kein Mensch würdig genug.
Dein sei Ruhm und Herrlichkeit
und der höchste Lobgesang,
denn die Früchte deiner Schöpfung, sie sind gut.

Sei gepriesen, guter Herr,
mit all deinen Geschöpfen:
Schwester Sonne schenkt den Tag und bringt uns Licht.
Sie erstrahlt in deinem Glanz,
ist der Spiegel deiner selbst,
und sie spendet ihre Wärme uns durch dich.

Sei gelobt, mein guter Herr,
durch Bruder Mond und seine Sterne,
die am Himmel du geformt hast klar und schön.
Sei gelobt durch Bruder Wind,
durch die Wolken, Luft und Wetter,
durch die du den Geschöpfen Leben schenkst.

Sei gepriesen, du mein Herr,
durch die Schwester Wasser,
die so nützlich ist, so kostbar und so rein.
Sei gelobt durch Bruder Feuer,
durch den du die Nacht erhellst.
Er ist heiter, er ist kraftvoll, stark und fein.

Sei gepriesen, guter Herr,
durch unsere Mutter Erde,
die uns nährt, die uns erhält und die uns lenkt;
die so ungezählte Früchte
und so viele bunte Blumen
und die uns so mannigfaltig Leben schenkt.

Auch durch jene, die vergeben

nur um deiner Liebe wegen,
die den Schmerz ertragen, Krankheit und die Not.
Sei gelobt durch die, die glauben
und im Frieden dir vertrauen,
denn sie werden ewig leben nach dem Tod.

Du bist Anfang, du bist Ende,
alles lebt durch deine Hände
und für alle deine Liebe will ich danken.
Gib uns Kraft dein Licht zu sehen
und auf deinem Weg zu gehen.
Du bist Glaube, Liebe, Hoffnung, du bist Leben.

Vaterunser
V 1 Herr Jesus Christus, du rufst uns in deine Nachfolge; eine Nachfolge in Wort und Tat. Mit den Worten, die du uns zu beten gelehrt hast, sprechen wir zu Gott:
A Vater unser …

Friedensgruß
Der Frieden, den Jesus uns geschenkt hat, und den Franziskus durch seine Nachfolge weitergegeben hat, sollen auch wir in die Welt bringen. Reichen wir uns die Hände als Zeichen des Friedens.
V 1 Der Friede des Herrn sei allezeit mit euch!
A Und mit deinem Geiste.

Segen und Kreuzzeichen
V 1 Der Herr segne dich und behüte dich;
der Herr lasse sein Angesicht leuchten über dir und sei dir gnädig;
der Herr hebe sein Angesicht über dich und gebe dir Frieden.
V 2 So lasst uns gehen im Namen des Vaters und des Sohnes und des Heiligen Geistes.
A Amen.

Schlusslied

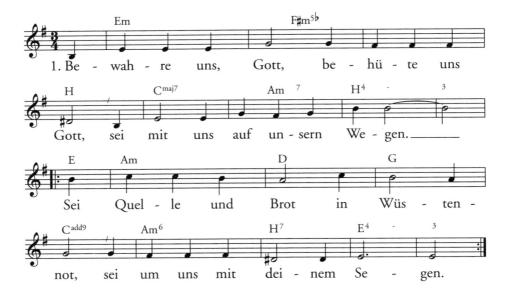

2. Bewahre uns, Gott, behüte uns, Gott,
sei mit uns in allem Leiden.
Voll Wärme und Licht im Angesicht,
sei nahe in schweren Zeiten,
voll Wärme und Licht im Angesicht,
sei nahe in schweren Zeiten.

3. Bewahre uns, Gott, behüte uns, Gott,
sei mit uns vor allem Bösen.
Sei Hilfe, sei Kraft, die Frieden schafft,
sei in uns, uns zu erlösen,
sei Hilfe, sei Kraft, die Frieden schafft,
sei in uns, uns zu erlösen.

4. Bewahre uns, Gott, behüte uns, Gott,
sei mit uns durch deinen Segen.
Dein Heiliger Geist, der Leben verheißt,
sei um uns auf unsern Wegen,
dein Heiliger Geist, der Leben verheißt,
sei um uns auf unsern Wegen.

T. Eugen Eckert © Strube Verlag, München-Berlin, M: Anders Ruuth © Carus-Verlag, Stuttgart

KREUZWEG FÜR ERSTKOMMUNIONKINDER

ZIELGRUPPE:
Für Kinder ab 8 Jahren; im Besonderen in der Erstkommunionvorbereitung für Tischgruppen; außerdem für Familien(-kreise) und Gruppenstunden;

GRUPPENGRÖSSE:
max. 30 Teilnehmer/innen

ZEIT:
ca. 45 Minuten

CHANCEN:
Die vorliegende Andacht bietet die Chance, den Leidensweg Jesu aus einem anderen Blickwinkel zu betrachten. Der Altar bildet dabei stets die Mitte des Geschehens und der Erinnerung, auf dem und um den herum sich die Stationen des letzten Weges Jesu „abspielen". Dabei versinnbildlichen die liturgischen Gegenstände bzw. Geräte einzelne Stationen des Leidensweges Jesu und erschließen sich in ihrer Bedeutung auf ungewohnte Weise.

MATERIALIEN:
- *Lied/Textkopien für die Vortragenden*
- *Instrumente zur Liedbegleitung*
- *CD-Player und CD: Taizé-Gesänge oder andere meditative Musikstücke*
- *Stühle für alle Teilnehmer*
- *Für den Altar: Altartuch, Kelch und Hostienschale (leer), Streichhölzer, Altarkreuz, Evangeliar, Altarkerzen.*

CHECKLISTE:
- *Planung (Zeit etc.) im Pfarrbüro abklären*
- *Ansprechen von Mitwirkenden*
- *Treffen im Vorbereitungsteam*
- *Ankündigung im Pfarrbrief, Homepage, Schulen, Erstkommuniongruppen, Regionalzeitung, in den Gottesdiensten etc.*

ÜBERLEGUNGEN ZUM THEMA

Cicero sagt: „Die Erinnerung ist die Schatztruhe und der Wächter aller Dinge." Kinder sind begnadete „Jäger und Sammler" – interessante Steine, schöne Muscheln, bunte Scherben finden ihren Weg in das Kinderzimmer und werden dort als Schätze gehortet und gehütet. Ihren Wert aber gewinnen diese „Schätze" durch das, was wir in ihnen sehen: Sie stehen für persönliche Erlebnisse; mit ihnen (ver-)binden sich unsere Erinnerungen; sie rufen uns wichtige Erfahrungen ins Gedächtnis zurück und halten sie wach. So ist auch die Botschaft der Liebe Gottes keine abstrakte Sache. In Jesus ist sie leibhaftig Mensch geworden. Und im Sakrament, in den elementaren Zeichen von Brot und Wein, ist er ebenso leibhaftig gegenwärtig, damit uns seine Liebe in ganz durchdringt.

Der nachfolgende Vorschlag beginnt somit nicht erst mit der Verurteilung Jesu, sondern mit dem letzten Abendmahl, das als erste Station symbolisch den entscheidenden Beginn des „Erinnerungsweges" an das Leiden und den Tod Jesu markiert. Dieser Station schließen sich die Nacht auf dem Ölberg und die Gefangennahme, sowie vier weitere ausgewählte Stationen des eigentlichen Kreuzweges Jesu an. Der Altar bildet dabei stets die zentrale Mitte des Geschehens und der Erinnerung an den Weg Jesu. Auf ihm und um ihn herum „spielen" sich die Stationen seines letzten Weges ab. Zu Beginn noch leer, versammeln sich auf ihm von Station zu Station die liturgischen Gegenstände, die einzelne Stationen des Leidensweges Jesu versinnbildlichen.

Einige Hinweise vorab

In dieser Kreuzwegandacht wie auch im Kreuzweg für Firmlinge wird auf den Einsatz von Liedblättern verzichtet. Die angegebenen Liedrufe werden von einem Mitwirkenden (z.B. Gruppenleiter/in) vorgesungen und anschließend von allen Teilnehmern wiederholt. Es empfiehlt sich, die einzelnen Texte bereits vorab im Team aufzuteilen bzw. die Liedrufe vorher einzuüben. Im Vorfeld sollte außerdem geklärt werden, wer von den Mitwirkenden das Aufstellen der liturgischen Geräte und Gegenstände zu den jeweiligen Stationen übernimmt.

Bei den Musikeinspielungen zur Vertiefung des Schriftworts sind als Vorschläge Taizé-Gesänge angegeben; nach Wunsch und Möglichkeit können hier natürlich ebenso andere meditative Musik-Einspielungen gewählt oder Taizé-Gesänge auch selbst gesungen werden.

ANKOMMEN

Der Altar ist ganz abgeräumt und leer. Auf einem Seitentisch befinden sich Altarkerzen, Altartuch, Kelch und Hostienschale (leer), Streichhölzer, Evangeliar sowie das Altarkreuz. Für die Teilnehmer stehen Stühle im Halbkreis um den Altar.
Die Teilnehmer sammeln sich beim Weihwasserbecken im Eingangsbereich der Kirche.

Begrüßung

V 1 Liebe Kinder, liebe Eltern! Wir haben uns in unserer Kirche versammelt – hier vor dem Weihwasserbecken. Beim Betreten der Kirche tauchen wir unsere Finger hinein und zeichnen uns ein Kreuz auf die Stirn. Das Kreuz Jesu, das seine Spur auf unserer Stirn hinterlässt.

V 2 Eine Spur, die an den Tag erinnert, an dem wir getauft und unter den Schutz Gottes gestellt wurden.

V 3 Eine Spur, die an den schweren Weg erinnert, den Jesus ging. Eine Spur, die daran erinnert, was mit Jesus geschah.

V 1 Beginnen wir diesen Weg der Erinnerung an Jesus nun ganz bewusst mit dem Kreuzzeichen, das wir uns mit Weihwasser auf die Stirn zeichnen.

A *(zeichnen sich Kreuz mit Weihwasser auf die Stirn und sprechen dabei:)* Im Namen des Vaters und des Sohnes und des Heiligen Geistes. Amen.

Während des Liedes zur Eröffnung gehen die Teilnehmer zum Altar und bilden darum stehend einen Kreis.

Lied zur Eröffnung
„Du hast uns Herr gerufen" *(GL 505, 1. bis 3. Strophe)*

ERSTE STATION: JESUS FEIERT DAS LETZTE ABENDMAHL

Einstieg

V 1 Gute, vertraute Freunde zu haben, mit denen ich lachen und weinen kann, ist ein großes Geschenk. Umso schwerer ist es, wenn sich gute Freunde trennen müssen.

V 2 Sich ein letztes Mal vor dem Abschied treffen – miteinander essen und trinken, reden und zuhören; versuchen, den Augenblick festzuhalten.

V 3 Auch Jesus tut das mit seinen Freunden ein letztes Mal. Er weiß, dass ihm nun ein schwerer Weg bevorsteht, den seine Freunde nicht mit ihm gehen können. Noch in dieser Nacht werden sie voneinander Abschied nehmen müssen.

Lesung

V 1 Lesung aus dem ersten Brief des Apostels Paulus an die Gemeinde von Korinth. *(1 Kor 11,23b–25)*
Jesus, der Herr, nahm in der Nacht, in der er ausgeliefert wurde, Brot, sprach das Dankgebet, brach das Brot und sagte: Nehmt und esst! Das ist mein Leib für euch. Tut dies zu meinem Gedächtnis! Ebenso nahm er nach dem Mahl den Kelch und sprach: Dieser Kelch ist der Neue Bund in meinem Blut. Tut dies, sooft ihr daraus trinkt, zu meinem Gedächtnis!

Musik-Einspielung

Als Vorschlag zur Musik: Taizé-Gesänge, „Kyrie eleison"

Während der Musikeinspielung wird der Altar mit dem Altartuch gedeckt. Kelch und Hostienschale werden daraufgestellt.

Aneignung

V 2 Schon so oft haben Jesus und seine Freunde miteinander Mahl gehalten und miteinander gegessen. Und auch oft schon das Mahl zum jährlichen Fest, dem Paschafest gehalten. Und eigentlich ist es wie jedes Mal – oder doch nicht?

V 3 Es liegt etwas in der Luft. Die Freunde Jesu spüren es – besonders nach den seltsamen Worten vom Abschiednehmen, die sie von Jesus in letzter Zeit zu hören bekommen haben.

V 4 Das Paschamahl ist vorbereitet – wie jedes Jahr. Alle haben sich um den Tisch versammelt. Das Paschalamm, das Fladenbrot, der Wein – alles ist angerichtet – wie jedes Jahr. Alles scheint wie immer – bis Jesus diese Worte ausspricht:

V 1 Nehmt das Brot und esst! Das ist mein Leib für euch! Nehmt den Wein und trinkt! Das ist mein Blut für euch! Tut dies, sooft ihr es tut, zu meinem Gedächtnis!

V 2 Noch wissen die Jünger nicht, was Jesus damit sagen will. Erst viel später werden sie begreifen, dass Jesus ihnen mit diesem Mahl, mit diesen Worten einen Schatz hinterlassen hat.

V 3 Miteinander Brot und Wein zu teilen wird von nun an für sie nie mehr nur gewöhnliches Essen und Trinken sein, wenn sie sich im Namen Jesu versammeln.

Gebet

V 1 Jesus, du machst keine „halben Sachen" – was du tust, tust du ganz, mit „Leib und Leben", mit „Haut und Haar".

V 2 Wie Brot und Wein Nahrung für den Körper sind, so willst du mit deiner Liebe uns durchdringen und uns stärken. Wir danken dir!

A Wir danken dir!

V 3 Lass uns die Erinnerung an deine Liebe wie einen Schatz im Herzen bewahren und hüten. Darum bitten wir dich. Amen.

Lied zum Abschluss der ersten Station *(1. Strophe)*

2. Gib uns den Mut, voll Liebe, Herr,
heute die Wahrheit zu leben.

3. Gib uns den Mut, voll Hoffnung, Herr,
heute von vorn zu beginnen.

4. Gib uns den Mut, voll Glauben, Herr,
mit dir zu Menschen zu werden.

T/M: Kurt Rommel © Strube Verlag München-Berlin

ZWEITE STATION: JESUS AM ÖLBERG

Einstieg

V 1 Die letzte Nacht vor einer wichtigen Aufgabe, einer schwierigen Prüfung, ist immer besonders schlimm. Viele Gedanken gehen einem durch den Kopf: Wie wird es werden? Werde ich es schaffen?

V 2 Mit der dunklen Nacht kommt oft die Angst: Herzklopfen, Schweißausbrüche, zuviel Angst um einschlafen zu können; Sorgen und Gedanken über das, was bevorsteht.

V 3 Dann ist es gut, wenn es jemand gibt, der diese Stunden mit mir teilt. Jemand, der mit mir wach ist. Jemand, der sich meine Sorgen anhört oder einfach nur mit mir da sitzt und schweigt. Jemand, der mir nah ist, wenn ich so große Angst habe. Jemand, der für mich betet.

V 4 Jesus geht es da genauso wie uns. Er hat Angst; er möchte nicht allein sein in dieser Nacht. Darum nimmt er ein paar ganz enge Freunde mit und geht mit ihnen in einen Olivengarten. Dort will er mit ihnen bleiben.

V 2 Im Gebet sucht Jesus Zuflucht bei Gott, seinem Vater. Er will mit ihm sprechen, in dieser Nacht. Er will sich von ihm stärken lassen für die schwere Aufgabe, die ihm bevorsteht.

(Teammitglied legt nun ein Evangeliar aufgeschlagen auf den Altar.)

Lesung

V 1 Aus dem heiligen Evangelium nach Markus. *(Mk 14,32–42)*
Nach dem Mahl ging Jesus mit seinen Jüngern zu einem Grundstück, das man Getsemani nennt, und sagte zu seinen Jüngern: Setzt euch und wartet hier, während ich bete. Und er nahm Petrus, Jakobus und Johannes mit sich. Da ergriff ihn Furcht und Angst, und er sagte zu ihnen: Meine Seele ist zu Tode betrübt. Bleibt hier und wacht! Und er ging ein Stück weiter, warf sich auf die Erde nieder und betete, dass die Stunde, wenn möglich, an ihm vorübergehe. Er sprach: Abba, Vater, alles ist dir möglich. Nimm diesen Kelch von mir! Aber nicht, was ich will, sondern was du willst soll geschehen. Und er ging zurück und fand sie schlafend. Da sagte er zu Petrus: Simon, du schläfst? Konntest du nicht einmal eine Stunde wach bleiben? Wacht und betet, damit ihr nicht in Versuchung geratet. Der Geist ist willig, aber das Fleisch ist schwach. Und er ging wieder weg und betete mit den gleichen Worten. Als er zurückkam, fand er sie wieder schlafend, denn die Augen waren ihnen zugefallen; und sie wussten nicht, was sie ihm antworten sollten. Und er kam zum dritten Mal und sagte zu ihnen: Schlaft ihr immer noch und ruht euch aus? Es ist genug. Die Stunde ist gekommen; jetzt wird der Menschensohn den Sündern ausgeliefert. Steht auf, wir wollen gehen! Seht, der Verräter, der mich ausliefert, ist da.

Musik-Einspielung

Vorschlag: Taizé-Gesänge, „Bleibet hier, und wachet mit mir"

Aneignung

V 2 Kaum hat sich Jesus ein paar Schritte entfernt – schon schlafen seine Freunde ein. Von wegen mit ihm wach bleiben, ihn unterstützen!

V 3 Dreimal geht er nur ein paar Schritte weit weg von ihnen, um zu beten. Dreimal kommt er zurück – und jedes Mal findet er seine Freunde schlafend. Und dabei hat er doch gedacht, dass er sich auf sie verlassen kann!

V 4 Verschlafen stehen die Jünger da. Doch zum Schämen ist keine Zeit mehr. Schon kommen die Soldaten in den Garten, um Jesus zu verhaften.

V 1 Den Freunden Jesu wird klar, dass Jesus sie in dieser Nacht gebraucht hätte – und sie waren nicht für ihn da. Nun kann es keiner mehr rückgängig machen. Und die Erinnerung an diese Nacht werden sie immer in ihrem Herzen tragen.

Gebet

V 1 Jesus, es tut weh, wenn man erfährt, dass man sich auf einen Freund nicht verlassen kann, wenn man ihn dringend braucht.

V 2 Du weißt wie es ist, Angst zu haben. Du weißt wie es ist, sich allein zu fühlen. Doch du verlässt uns nicht. Wir danken dir!

A   Wir danken dir!

V 3 Lass uns die Erinnerung an deine Treue wie einen Schatz im Herzen bewahren und hüten. Darum bitten wir dich. Amen.

Lied zum Abschluss der zweiten Station

„Lass uns in deinem Namen" – *2. Strophe*

DRITTE STATION: JESUS WIRD GEFANGEN GENOMMEN

Zu Beginn der dritten Station stehen alle Teilnehmer auf, fassen sich an den Händen und umringen den Altar.

Einstieg
V 1 All die Jahre war Jesus ständig umringt – von begeisterten und von verzweifelten Menschen, von Kranken und Gesunden.
V 2 Auch jetzt ist er wieder umringt – diesmal aber von Soldaten mit Schwertern.
V 3 Sie sind nicht gekommen, um sich von Jesus trösten und heilen zu lassen. Sie sind gekommen, um ihn gefangen zu nehmen.

Lesung
V 1 Aus dem heiligen Evangelium nach Markus. *(Mk 14,43–44)*
Noch während er redete, kam Judas, einer der Zwölf, mit einer Schar von Männern, die mit Schwertern und Knüppeln bewaffnet waren. Sie waren von den Hohenpriestern, den Schriftgelehrten und den Ältesten geschickt worden.
Judas hatte mit ihnen ein Zeichen vereinbart und gesagt: Der, den ich küssen werde, der ist es. Nehmt ihn fest, führt ihn ab und lasst ihn nicht entkommen!

Musik-Einspielung
Als Vorschlag: Taizé-Gesänge, „Kyrie eleison"

Aneignung
V 2 Der Kreis um Jesus wird enger; die Soldaten schließen ihn ein.
V 3 Die Jünger Jesu haben sich zerstreut; seine Freunde haben sich aus dem Staub gemacht.
V 4 Aber wie Jesus dasteht, mitten im Kreis der Soldaten, allein – dieses Bild lässt die Jünger nicht los, als sie sich aus dem Garten stehlen.

Gebet
V 1 Jesus, für einen Freund einzutreten, der geärgert, bedrängt oder bedroht wird, fällt uns oft sehr schwer.

V 2 Du weißt, wie es sich anfühlt, bedrängt und bedroht zu werden. Mit Deinem Mut und Deiner Stärke willst Du auch unser Herz erfüllen. Wir danken Dir!
A Wir danken Dir!
V 3 Lass uns die Erinnerung an Deinen Mut wie einen Schatz im Herzen bewahren und hüten. Darum bitten wir Dich. Amen.

Vor dem abschließenden Lied setzen sich die Teilnehmer wieder auf ihre Plätze.

Lied zum Abschluss der dritten Station
„Lass uns in deinem Namen" – *nochmal 2. Strophe*

VIERTE STATION: JESUS WIRD VERURTEILT

Einstieg
V 1 Die ganze Nacht haben die Hohenpriester Jesus verhört. Nun lassen sie Jesus zu Pilatus, dem römischen Statthalter bringen.
V 2 Warum sich selbst die Hände schmutzig machen an dieser Geschichte? Soll doch Pilatus Jesus im Auftrag des Kaisers richten!
V 3 So steht Jesus vor Pilatus. Und Pilatus zweifelt: Stimmen die Anklagen der Leute? Ist es wahr? Kann dieser Mensch, kann Jesus schuldig sein?

Lesung
V 1 Aus dem heiligen Evangelium nach Johannes. *(Joh 18,35b–38)*
Pilatus sagte zu Jesus: Dein eigenes Volk und die Hohenpriester haben dich an mich ausgeliefert. Was hast du getan? Jesus antwortete: Mein Königtum ist nicht von dieser Welt. Wenn es von dieser Welt wäre, würden meine Leute kämpfen, damit ich den Juden nicht ausgeliefert würde.
Aber mein Königtum ist nicht von hier. Pilatus sagte zu ihm: Also bist du doch ein König? Jesus antwortete: Du sagst es, ich bin ein König. Ich bin dazu geboren und in die Welt gekommen, dass ich für die Wahrheit Zeugnis ablege. Jeder, der aus der Wahrheit ist, hört auf meine Stimme. Pilatus sagte zu ihm: Was ist Wahrheit?

Musik-Einspielung

Als Vorschlag: Taizé-Gesänge, „Kyrie eleison"

Aneignung

V 2 „Ich lege für die Wahrheit Zeugnis ab" – sagt Jesus.

V 3 Für die Wahrheit, dass in den Augen Gottes jeder Mensch gleich viel wert ist.

V 4 Für die Wahrheit, dass Gott jeden Menschen liebt.

V 2 Für die Wahrheit, dass Jesus uns durch sein Leben gezeigt hat, wie gütig Gott ist.

V 3 Für die Wahrheit, dass Gott uns nie verlässt.

V 4 Das ist die Wahrheit – und sie leuchtet uns wie ein helles Licht im Dunklen.

Ein Teammitglied stellt die Altarkerzen auf den Altar und zündet sie an.

V 1 Wenn wir manchmal das Gefühl haben, im Dunkeln zu tappen; wenn wir Angst haben und unsicher sind, wenn wir an uns selbst zweifeln und nicht mehr weiter wissen: Immer können wir darauf vertrauen, dass Jesus bei uns ist und uns leiten will. Er ist das Licht, das uns zur Wahrheit führt.

Gebet

V 1 Jesus, du hast dich vor allem um die ratlosen Menschen gekümmert, in denen es innerlich ganz dunkel war. Du hast ihnen das Licht deiner Liebe und Wahrheit gebracht.

V 2 Du hast aber auch erlebt, wie es ist, abgelehnt zu werden, wenn Menschen die Wahrheit nicht hören wollen.

V 3 Manchmal ist es nicht leicht, zu erkennen, was gut und richtig, oder falsch und verlogen ist.

V 4 Das Licht deiner Liebe will uns immer wieder neu auf den guten Weg führen. Wir danken dir!

A   Wir danken dir!

V 1 Lass uns die Erinnerung an das Licht deiner Liebe und Wahrheit wie einen Schatz im Herzen bewahren und hüten. Darum bitten wir dich. Amen.

Lied zum Abschluss der vierten Station
„Lass uns in deinem Namen" – *3. Strophe*

FÜNFTE STATION: JESUS NIMMT DAS KREUZ AUF SEINE SCHULTERN

Zu Beginn der fünften Station wird das Altarkreuz auf den Altartisch gestellt.

Einstieg
V 1 Pilatus hat das Urteil gesprochen. Er liefert Jesus aus, damit er gekreuzigt wird. Jetzt gibt es kein Zurück mehr. Die Soldaten legen Jesus das Kreuz auf die Schultern.

V 2 Jesus fühlt das Gewicht des Kreuzes. Es ist schwer – wie sein Herz vor dem Ende seines Weges.

Lesung
V 1 Aus dem heiligen Evangelium nach Johannes. *(nach Joh 19,16f.)*
So lieferte Pilatus Jesus aus, damit er gekreuzigt würde. Jesus trug sein Kreuz und ging hinaus zur sogenannten Schädelhöhe, die auf Hebräisch Golgota heißt.

Musik-Einspielung
Als Vorschlag: Taizé-Gesänge, „Kyrie eleison"

Aneignung
V 2 *(nimmt Altarkreuz in die Hände)*
Wenn doch jetzt einer käme und sagen würde:
Leg das Kreuz ab! Du musst diesen Weg nicht gehen!
(gibt Altarkreuz an den nächsten Sprecher weiter)

V 3 Wenn doch jetzt einer käme und sagen würde:
Leg das Kreuz ab! Es geht auch anders!
(gibt Altarkreuz an den nächsten Sprecher weiter)

V 4 Wenn doch jetzt einer käme und sagen würde:
Leg das Kreuz ab! Gott hat einen anderen Plan für dich!
(stellt Altarkreuz wieder auf den Altar)

Gebet

V 1   Jesus, du fühlst mit allen, deren Herz schwer ist. Du bist uns nah, wenn uns etwas bedrückt.

V 2   Du schenkst uns deine Kraft, damit wir nicht aufgeben. Wir danken dir!

A   Wir danken dir!

V 3   Lass uns die Erinnerung an deine Stärke wie einen Schatz im Herzen bewahren und hüten. Darum bitten wir dich. Amen.

Lied zum Abschluss der fünften Station
„Lass uns in deinem Namen" – *nochmal 3. Strophe*

SECHSTE STATION: SIMON VON ZYRENE HILFT JESUS DAS KREUZ TRAGEN

Einstieg

V 1   Das Kreuz ist schwer, das Herz Jesu auch. Er fällt hin. Doch er steht wieder auf und schleppt sich weiter.

V 2   Die Soldaten merken: lange wird Jesus sein Kreuz nicht mehr allein tragen können.

V 3   Deshalb zerren sie einen Mann herbei, der gerade vom Feld kommt: Simon von Zyrene. Ihn zwingen sie, mit Jesus das Kreuz zu tragen.

Lesung

V 1   Aus dem heiligen Evangelium nach Matthäus. *(Mt 27,32)*
Auf dem Weg trafen sie einen Mann aus Zyrene namens Simon; ihn zwangen sie, Jesus das Kreuz zu tragen.

Musik-Einspielung
Als Vorschlag: Taizé-Gesänge, „Kyrie eleison"

Aneignung

V 2   Es tut gut, wenn mir jemand tragen hilft: die Traurigkeit oder einen großen Kummer.

V 3   Es ist gut, wenn dann jemand unsere Last ein Stück mitträgt – so wie Simon von Zyrene das Kreuz Jesu.

V 4 Im Gedenken an das Kreuz, das Jesus getragen hat, legen wir nun das Altarkreuz einander in die Hände. Wir fühlen sein Gewicht – und denken dabei an die Menschen, die bedrückt und belastet sind.

(Der Sprecher legt dem nächstsitzenden Kind das Altarkreuz in die Hände. Nach einer kurzen Stille gibt der/die Teilnehmer/in das Kreuz in die Hände des Nächsten im Kreis weiter usw. Danach wird das Altarkreuz wieder auf den Altar gestellt.)

Gebet
V 1 Jesus, es fällt nicht immer leicht, sich helfen zu lassen.
V 2 Du lässt Simon von Zyrene dein Kreuz mittragen und nimmst seine Hilfe an.
V 3 Jesus, von dir können wir lernen offen für die Hilfe zu sein, die uns andere Menschen schenken wollen. Wir danken Dir!
A   Wir danken Dir!
V 3 Lass uns die Erinnerung an Deine Offenheit wie einen Schatz im Herzen bewahren und hüten. Darum bitten wir Dich. Amen.

Lied zum Abschluss der sechsten Station
„Lass uns in deinem Namen" – 4. Strophe

SIEBTE STATION: JESUS WIRD GEKREUZIGT

Einstieg
V 2 Jesus wird ans Kreuz geschlagen. Die Soldaten richten das Kreuz auf.
V 3 Rechts und links von ihm werden zwei Verbrecher gekreuzigt. Auch ihr Weg ist fast zu Ende.

Lesung
V 1 Aus dem heiligen Evangelium nach Lukas. *(Lk 23,39–43)*
     Einer der Verbrecher, die neben Jesus hingen, verhöhnte ihn: Bist du denn nicht der Messias? Dann hilf dir selbst und auch uns! Der andere aber wies ihn zurecht und sagte: Nicht einmal du fürchtest Gott? Dich hat doch das gleiche Urteil getroffen. Uns geschieht recht, wir erhal-

ten den Lohn für unsere Taten; Jesus aber hat nichts Unrechtes getan. Dann sagte er: Jesus, denk an mich, wenn du in dein Reich kommst. Jesus antwortete ihm: Amen, ich sage dir: Heute noch wirst du mit mir im Paradies sein.

Musik-Einspielung oder Lied
Vorschlag: Taizé-Gesänge: „Jesus, remember me, when you come into your kingdom"

Aneignung
V 2 Warum steigt Jesus nicht einfach herunter vom Kreuz? Schließlich ist er doch der Sohn Gottes! Warum tut er nichts? Warum hilft er nicht sich selbst und den beiden anderen?
V 3 Der eine Verbrecher wird wütend: Geschieht Dir recht! Da siehst du mal, das kommt davon! Jetzt kannst du mal zeigen, was du drauf hast – oder hast du nichts drauf?
V 4 Aber der andere verteidigt Jesus: Lass ihn in Ruhe! Er hat nichts Schlechtes getan, wir schon! Und dann sagt er zu Jesus: Denk an mich, vergiss mich bitte nicht!
V 1 Und Jesus versichert ihm, dem Verbrecher: Ich vergesse Dich nicht. Alles, was war, ist vergeben. Und noch heute wirst Du mit mir dort sein, wo wir keine Schmerzen mehr haben, wo alles Schlechte vergessen ist – bei mir und meinem Vater im Paradies.

Gebet
V 2 Denk an mich, vergiss mich nicht! Das sagen Freunde zueinander, wenn sie sich trennen müssen.
V 3 Denk an mich, vergiss mich nicht! Das sagt auch der Verbrecher, der selbst am Kreuz hängt, zu Jesus in seiner letzten Stunde.
V 4 Jesus, du hast große Geduld mit uns! Du denkst an uns, du vergisst uns nicht. Du zeigst uns, dass es nie zu spät ist, um zu dir zu finden. Wir danken dir!
A   Wir danken Dir!
V 1 Lass uns die Erinnerung an Deine Geduld wie einen Schatz im Herzen bewahren und hüten. Darum bitten wir Dich. Amen.

Schlussgebet

V 1 Jesus, die Erinnerung an deinen Kreuzweg ist immer auch eine Erinnerung an deine Liebe und Treue, deinen Mut und Deine Bereitschaft zur Vergebung, deine Offenheit und deine Geduld mit uns Menschen. Diesen Schatz, den du uns geschenkt hast, wollen wir in unserem Herzen bewahren und behüten und ihn weitergeben an andere, so wie du es uns vorgelebt hast. Hilf uns dabei, darum bitten wir dich. Amen.

Segen und Kreuzzeichen

V 1 Der Herr segne dich und behüte dich;
   der Herr lasse sein Angesicht leuchten über dir und sei dir gnädig;
   der Herr hebe sein Angesicht über dich und gebe dir Frieden.

V 2 So lasst uns gehen im Namen des Vaters und des Sohnes und des Heiligen Geistes.

A   Amen.

Schlusslied

„Wenn wir jetzt weitergehen" *(GL 514)*

KREUZWEG FÜR FIRMLINGE

ZIELGRUPPE:
Im Rahmen der Firmvorbereitung für Firmlinge (ab 12 Jahren); auch als Kreuzweg für ältere Jugendliche geeignet.

GRUPPENGRÖSSE:
Sollte dieser Kreuzweg als „Fußweg" über mehrere Stationen außerhalb der Kirche gebetet werden, ist eine Gruppengröße bis etwa 30 Personen denkbar. Wird der Kreuzweg ausschließlich innerhalb des Kirchenraumes „nachgegangen", ist eine max. Gruppengröße bis höchstens zehn Personen sinnvoll.

ZEIT:
ca. 45 Minuten (abhängig von der Wegstrecke)

CHANCEN:
Im vorliegenden Kreuzweg finden sich ausgewählte Symbole zu einzelnen der sieben Stationen, die das Geschehen des Kreuzweges Jesu veranschaulichen. Die Verinnerlichung kann über eingefügte Sprechszenen erfolgen, in denen die Symbole selbst „zu Wort" kommen und den Teilnehmern einen ganz anderen Blickwinkel ermöglichen. Je nach Gegebenheit können entweder einzelne Kreuzwegstationen (Bilder), aber auch andere Orte innerhalb der Kirche gewählt werden, z.B. Seitenaltar/-kapelle, Taufstein, Pieta-Figur etc. Möglich sind auch mehrere Stationen außerhalb der Kirche, z.B. eine Kapelle oder eine weitere Kirche, der Friedhof etc. Ort der ersten und letzten Station sollte die Kirche sein.

MATERIALIEN:
- *Text und Liedkopien für die Vortragenden*
- *Vortragekreuz aus der Kirche oder ein von der Gruppe gestaltetes Kreuz*
- *Einzelne Symbole zu den Stationen: Stuhl und Dornenkrone*
- *Einzelne Zeichen zu den Rollenszenen (benötigt bei der erweiterten Fassung): Holzsplitter, Würfel, Dornenzweig, grüner Zweig, Stein, Nagel*

CHECKLISTE:
- *Planung (Zeit usw.) im Pfarrbüro abklären*
- *Ansprechen von Mitwirkenden*
- *Treffen im Vorbereitungsteam*
- *Ankündigung im Pfarrbrief/Homepage/Schulen/Firmgruppen*
- *Ankündigung in der Regionalzeitung*
- *Vermeldung in den Gottesdiensten*

ÜBERLEGUNGEN ZUM THEMA

Der Gang zu den „Sieben Fußfällen" ist eine der ältesten Formen des Kreuzwegs. Von Jerusalempilgern im späten Mittelalter vor allem ins Rheinland gebracht, stellte er einen Bittgang durch die Dorfstraßen oder die Flur dar. Dabei wurde an sieben Wegkreuzen und Kapellen, den sogenannten „Fußfällen" – es war üblich sich an den einzelnen Stationen mit beiden Knien zu Boden fallen zu lassen –, jeweils einer Station des Leidensweges Christi in Jerusalem betend gedacht. Darüber hinaus erinnerten sie an die sieben Hauptkirchen Roms, in denen sich in der Karwoche der päpstliche Stationsgottesdienst vollzieht; so ermöglichte man jenen, die nicht nach Rom konnten, dennoch ein Stück päpstlicher Weltkirche zu erleben. Vorwiegend im Rheinland haben sich in manchen Orten eigens dafür gestiftete Bildstöcke und Reliefs erhalten, die Jesu Passion zeigen. Dieser Vorschlag für die Gestaltung einer Kreuzwegandacht für Firmlinge knüpft an die Tradition des Kreuzwegs in dieser Form an. Mittelpunkt und Wegbegleiter des Kreuzwegs bildet in der Gruppe ein Kreuz – am besten ein Vortragekreuz, das von den Firmlingen im Rahmen der Firmvorbereitung oder von Familien bei einem gemeinsamen Nachmittag vorab selbst erstellt wurde; alternativ ein Vortragekreuz der Pfarrgemeinde, dass für Prozessionen verwendet wird. Die Wegstrecke sollte gut geplant und nicht zu lange sein. Da ein Vortragekreuz mitgenommen wird, ist der Weg nicht abhängig von Wegkreuzen und anderen Wegzeichen. Beginn und Abschluss des Kreuzweges sind im Altarraum der Kirche vorgesehen.

Einige Hinweise vorab

Liedzettel erweisen sich nach meiner Erfahrung gerade in meditativen Andachtsformen für Kinder und Jugendliche oft eher als störend. Deshalb werden weder das Gotteslob noch Liedblätter verwendet, sondern zwei einfache Liedrufe, die im Verlauf der Andacht auswendig gesungen werden können. Die Liedrufe zu Beginn und zum Abschluss der Stationen werden von einem Mitwirkenden oder auch einer kleinen Gruppe vorgesungen und anschließend von allen wiederholt. Vor Beginn ist ein Einüben der Liedrufe empfehlenswert. Die Mitwirkenden, die eine Sprechrolle bzw. das Vorlesen eines Textes übernehmen, sind nach Möglichkeit bereits im Vorbereitungsteam einzuteilen.

Da für die dritte und vierte Station kein Schriftbeleg vorhanden ist, wurde an diesen Stationen jeweils ein Text zur Besinnung aufgenommen.

Zu diesem Kreuzweg finden sich im Anhang drei Rollenspiel- und Sprechtexte mit einzelnen Symbolen, die wahlweise wie angegeben bei den zugehörigen Stationen eingefügt werden können. Die Texte können aber auch einzeln verwendet werden, um ausgewählte Stationen (z.B. in einem Schüler- oder Familiengottesdienst) zu vertiefen.

ANKOMMEN

Die Teilnehmer sammeln sich im Eingangsbereich der Kirche. In Stille wird das Vortragekreuz von der Sakristei aus zur Gruppe getragen.

Begrüßung

V 1 Liebe Firmlinge! In einem alten Kirchenlied heißt es: „Jesus, geh Du voran auf meiner Lebensbahn". Vielleicht denken jetzt manche von euch: Was für ein komischer Text! Was soll denn das bedeuten? Vorangehen – den Ersten machen können – darum rangeln sich oft Kinder genauso wie Erwachsene. Aber was bedeutet das eigentlich für den, der Erster ist?

V 2 „Erster sein" – das bedeutet zu denen gehören, die „top", „cool", „erste Sahne" sind.

V 3 „Erster sein" – das bedeutet manchmal auf neuen, unbekannten, unsicheren Wegen unterwegs zu sein.

V 4 „Erster sein" – das heißt aber auch den Weg zu bahnen für die, die nachkommen wollen.

V 1 Jesus ist einer, der uns Menschen den Weg bahnen will. Einer, der sich trotz aller Schwierigkeiten nicht von seinem Weg hat abbringen lassen. Er kann uns ein Vorbild für unseren eigenen Lebensweg sein. Deswegen stehen wir hier aufbruchbereit zusammen. Wir brechen gemeinsam auf und folgen in sieben Stationen Jesu Weg zum Kreuz. In seinem Zeichen – dem Kreuz – machen wir uns auf den Weg.

A Im Namen des Vaters und des Sohnes und des heiligen Geistes. Amen.

Der Kreuzträger bzw. die Kreuzträgerin geht voraus; die Teilnehmer folgen dem Kreuz zur ersten Station vor den Altar bzw. den Altarstufe. Auf den Altarstufen bzw. vor dem Volksaltar in Richtung der Teilnehmer befindet sich ein leerer Stuhl. Der Kreuzträger bleibt mit dem Kreuz vor dem leeren Stuhl stehen.

ERSTE STATION: JESUS WIRD VERURTEILT

Eröffnung mit Liedruf
(Melodie nach GL 270)
V   Kommt herbei, singt dem Herrn, ruft ihm zu, der uns befreit!
A   Kommt herbei, singt dem Herrn, ruft ihm zu, der uns befreit!
V   Singend wollen wir ihm folgen,
    sein Kreuz ziehet uns voran.
A   Singend wollen wir ihm folgen,
    sein Kreuz ziehet uns voran.

Lesung
V 1   Aus dem Evangelium nach Matthäus. *(Mt 27,11–14.22f.)*
      Als Jesus vor dem Statthalter stand, fragte ihn dieser: Bist du der König der Juden? Jesus antwortete: Du sagst es. Als aber die Hohenpriester und die Ältesten ihn anklagten, gab er keine Antwort. Da sagte Pilatus zu ihm: Hörst du nicht, was sie dir alles vorwerfen? Er aber antwortete ihm auf keine einzige Frage, so dass der Statthalter sehr verwundert war. Pilatus sagte zu ihnen: Was soll ich dann mit Jesus tun, den man den Messias nennt? Da schrien sie alle: Ans Kreuz mit ihm! Er erwiderte: Was für ein Verbrechen hat er denn begangen? Da schrien sie noch lauter: Ans Kreuz mit ihm!

Kurze Stille

Aneignung und Kreuzverehrung
V 1   Jesus, über dich wird ein Urteil gefällt. Pilatus hat Zweifel – aber dann beugt er sich doch den Leuten, die am lautesten schreien. Warum sagst du nichts? Warum lässt du das zu? Warum wehrst du dich nicht?

V 2 Weil Jesus für alle vorangeht, die sich nicht wehren können. *(kniet vor dem Kreuz nieder)*

V 3 Weil Jesus für alle vorangeht, über die geurteilt wird, ohne sie wirklich zu verstehen. *(kniet vor dem Kreuz nieder)*

V 4 Weil Jesus für alle vorangeht, die sich nicht trauen von ihrer Not zu sprechen. *(kniet vor dem Kreuz nieder)*

V 1 Jesus, du brichst Bahn für alle, die ungerecht beurteilt werden, die sich unverstanden fühlen und sprachlos sind: Wir danken dir!

A   Wir danken dir!
     (gemeinsame Kniebeuge aller Teilnehmer)

Liedruf zum Abschluss / auf dem Weg zur nächsten Station

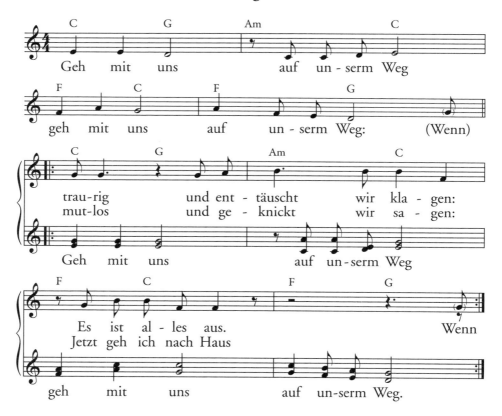

M: Ludger Edelkötter; T: Norbert Weidlinger © KiMu Kinder Musik Verlag GmbH, 50259 Pulheim

ZWEITE STATION: JESUS WIRD MIT DORNEN GEKRÖNT

Eröffnung mit Liedruf
(Melodie nach GL 270)
V   Kommt herbei, singt dem Herrn, ruft ihm zu, der uns befreit!
A   Kommt herbei, singt dem Herrn, ruft ihm zu, der uns befreit!
V   Singend wollen wir ihm folgen,
    sein Kreuz zieht unsrem Weg voran.
A   Singend wollen wir ihm folgen,
    sein Kreuz zieht unsrem Weg voran.

Lesung
V 1   Aus dem heiligen Evangelium nach Matthäus. *(Mt 27,27–29a)*
      Da nahmen die Soldaten des Statthalters Jesus, führten ihn in das Prätorium, das Amtsgebäude des Statthalters, und versammelten die ganze Kohorte um ihn. Sie zogen ihn aus und legten ihm einen purpurroten Mantel um. Dann flochten sie einen Kranz aus Dornen; den setzten sie ihm auf und gaben ihm einen Stock in die rechte Hand.

Kurze Stille/Betrachtung
(Hier kann zur Vertiefung Text 1 des Anhangs eingefügt werden.)

Aneignung und Kreuzverehrung
V 1   *(hängt Dornenkrone an das Kreuz)* Jesus, du wirst mit Dornen gekrönt. Warum sagst du nichts? Warum lässt du das zu? Warum wehrst du dich nicht?
V 2   Weil Jesus mit allen fühlt, die Abneigung und Hass von anderen zu spüren bekommen. *(kniet vor dem Kreuz nieder)*
V 3   Weil Jesus mit allen fühlt, die verletzt werden.
      (kniet vor dem Kreuz nieder)
V 4   Weil Jesus mit allen fühlt, denen andere wehtun.
      (kniet vor dem Kreuz nieder)
V 1   Jesus, du fühlst mit allen, die sich ungeliebt fühlen und verletzt sind. Wir danken dir!
A   Wir danken dir!
      (gemeinsame Kniebeuge aller Teilnehmer)

Liedruf zum Abschluss / auf dem Weg zur nächsten Station

„Geh mit uns auf unserm Weg"
(gesprochen oder als Strophe)

V 1 Wenn keiner uns die Hand will reichen,
und man schließt uns aus.
Für alle, die sich verlassen fühlen – breite die Arme aus!

DRITTE STATION: JESUS NIMMT DAS KREUZ AUF SEINE SCHULTERN

Eröffnung mit Liedruf

(Melodie nach GL 270)

V   Kommt herbei, singt dem Herrn, ruft ihm zu, der uns befreit!
A   Kommt herbei, singt dem Herrn, ruft ihm zu, der uns befreit!
V   Singend wollen wir ihm folgen,
sein Kreuz zieht unsrem Weg voran.
A   Singend wollen wir ihm folgen,
sein Kreuz zieht unsrem Weg voran.

Besinnung

V 1 Die Soldaten zerren Jesus aus dem Amtsgebäude; andere bringen den Kreuzesbalken. Die Soldaten legen Jesus den Balken auf die Schultern. Schritt für Schritt geht er dem Tod entgegen.

Kurze Stille

Aneignung und Kreuzverehrung

V 1 Jesus, du lässt dir das schwere Kreuz auf die Schultern laden. Warum sagst du nichts? Warum lässt du das zu? Warum wehrst du dich nicht?

V 2 Weil Jesus ein Zeichen des Mitfühlens setzt für alle, denen das Herz schwer ist vor Kummer. *(zeichnet dem nächsten Sprecher ein Kreuz auf die Stirn und kniet dann vor dem Kreuz nieder)*

V 3 Weil Jesus ein Zeichen des Mitleidens setzt für alle, die bedrückt sind und Angst haben. *(zeichnet dem nächsten Sprecher ein Kreuz auf die Stirn und kniet dann vor dem Kreuz nieder)*

V 1 Jesus, du nimmst das Kreuz auf Dich für alle, die Schwierigkeiten, Schmerz und Kummer erfahren. Wir danken dir!
A Wir danken dir!
(gemeinsame Kniebeuge aller Teilnehmer)

Liedruf zum Abschluss / auf dem Weg zur nächsten Station
„Geh mit uns auf unserm Weg"
(gesprochen oder als Strophe)
V1 Wenn hilflos und geknickt wir sagen – jetzt ist alles aus!
V2 Für alle, deren Mut zerronnen – breite die Arme aus!

VIERTE STATION: JESUS FÄLLT UNTER DEM KREUZ

Eröffnung mit Liedruf
(Melodie nach GL 270)
V Kommt herbei, singt dem Herrn, ruft ihm zu, der uns befreit!
A Kommt herbei, singt dem Herrn, ruft ihm zu, der uns befreit!
V Singend wollen wir ihm folgen,
sein Kreuz zieht unsrem Weg voran.
A Singend wollen wir ihm folgen,
sein Kreuz zieht unsrem Weg voran.

Das Kreuz wird nach dem Liedruf in Stille auf den Boden gelegt.

Aneignung und Kreuzverehrung
V 1 Jesus, du fällst unter dem schweren Kreuz. Du bist wirklich „am Boden". Warum sagst du nichts? Warum lässt du das mit dir geschehen? Warum wehrst du dich nicht?
V 2 Weil Jesus auf Augenhöhe mit allen ist, die „am Boden zerstört" sind. *(kniet vor dem Kreuz nieder)*
V 3 Weil Jesus auf Augenhöhe mit allen ist, die nicht mehr aushalten können, was sie belastet. *(kniet vor dem Kreuz nieder)*
V 4 Weil Jesus auf Augenhöhe mit allen ist, die nicht mehr weiter können; mit allen, denen einfach alles zuviel und zu schwer wird. *(kniet vor dem Kreuz nieder)*

V 1 Jesus, du bist auf Augenhöhe mit allen, die „am Boden", sind, die keine Kraft mehr haben. Wir danken dir!
A Wir danken dir!
(gemeinsame Kniebeuge aller Teilnehmer)

Liedruf zum Abschluss / auf dem Weg zur nächsten Station
„Geh mit uns auf unserm Weg"
(gesprochen oder als Strophe)
V Wenn uns Kraft und Mut verlassen,
kein Ausweg ist zu sehn!
Mit allen, die deine Stütze brauchen
wirst Du gemeinsam gehn!

FÜNFTE STATION: SIMON VON ZYRENE HILFT JESUS, DAS KREUZ ZU TRAGEN

Eröffnung mit Liedruf
(Melodie nach GL 270)
V Kommt herbei, singt dem Herrn, ruft ihm zu, der uns befreit!
A Kommt herbei, singt dem Herrn, ruft ihm zu, der uns befreit!
V Singend wollen wir ihm folgen,
sein Kreuz zieht unsrem Weg voran.
A Singend wollen wir ihm folgen,
sein Kreuz zieht unsrem Weg voran.

Lesung
V 1 Aus dem heiligen Evangelium nach Matthäus. *(Mt 27,32)*
Auf dem Weg hinaus zur Schädelhöhe trafen die Soldaten einen Mann, der Simon hieß und aus Zyrene stammte. Ihn zwangen sie, das Kreuz Jesu zu tragen.

Kurze Stille/Betrachtung
(Hier kann zur Vertiefung Text 2 des Anhangs eingefügt werden)

Aneignung und Kreuzverehrung

V 1 Jesus, die Soldaten schleppen einen Mann an, der dir dein Kreuz tragen helfen soll. Du schaffst es einfach nicht mehr allein. Du musst dir helfen lassen. Vielleicht habt ihr euch stumm angesehen – Simon und du. Was sagten ihm deine Augen? Was konnte Simon von Zyrene wohl in deinem Blick lesen?

V 2 Dass du verzweifelt bist, weil du es allein einfach nicht mehr schaffst? *(kniet vor dem Kreuz nieder)*

V 3 Dass du dich kraftlos fühlst, und auf Hilfe angewiesen bist? *(kniet vor dem Kreuz nieder)*

V 4 Dass du dankbar bist, weil dir einer hilft, auch wenn er es nicht aus freien Stücken, vielleicht sogar widerwillig tut. *(kniet vor dem Kreuz nieder)*

V 1 Jesus, du verstehst die Verzweifelten – du reichst allen Menschen die Hand, die es allein nicht mehr schaffen. In jedem dankbaren Blick von einem anderen, dem wir beistehen, sehen wir auch deine Augen, die uns „Danke" sagen. Wir danken dir!

A Wir danken dir!
(gemeinsame Kniebeuge aller Teilnehmer)

Der Kreuzträger bzw. die Kreuzträgerin trägt nun zusammen mit einem Teammitglied oder einem Teilnehmer das Kreuz weiter.

Liedruf zum Abschluss / auf dem Weg zur nächsten Station
„Geh mit uns auf unserm Weg"
(gesprochen oder als Strophe)
V Wenn wir deine Hilfe suchen, lass uns nicht allein!
Allen, die Deine Stärke brauchen, willst du nahe sein!

SECHSTE STATION: JESUS WIRD SEINER KLEIDER BERAUBT

Eröffnung mit Liedruf
(Melodie nach GL 270)
V Kommt herbei, singt dem Herrn, ruft ihm zu, der uns befreit!
A Kommt herbei, singt dem Herrn, ruft ihm zu, der uns befreit!

V   Singend wollen wir ihm folgen,
    sein Kreuz zieht unsrem Weg voran.
A   Singend wollen wir ihm folgen,
    ein Kreuz zieht unsrem Weg voran.

Lesung

V 1 Aus dem heiligen Evangelium nach Matthäus. *(Mt 27,33–36)*
    So kamen sie an den Ort, der Golgota genannt wird, das heißt Schädelhöhe. Und sie gaben Jesus Wein zu trinken, der mit Galle vermischt war; als er aber davon gekostet hatte, wollte er ihn nicht trinken. Nachdem sie ihn gekreuzigt hatten, warfen die Soldaten das Los um sein Gewand und verteilten seine Kleider unter sich. Dann setzten sie sich nieder und bewachten ihn.

Kurze Stille

Aneignung und Kreuzverehrung

V 1 Jesus, die Soldaten zerren dir deine Kleider vom Leib. Nicht einmal ein „letztes Hemd" lässt man dir. So nackt wie Du geboren wurdest, stehst du am Ende deines Lebens da. Warum tust du nichts? Warum lässt du das mit dir machen?

V 2 Weil Jesus bis ins Letzte mit allen fühlt, die als Verlierer gelten, den „Loosern", mit denen keiner mehr was zu tun haben will. *(kniet vor dem Kreuz nieder)*

V 3 Weil Jesus bis ins Letzte mit allen fühlt, die ihre Würde verloren haben. *(kniet vor dem Kreuz nieder)*

V 4 Weil Jesus bis ins Letzte mit allen fühlt, die unscheinbar sind; mit allen Menschen, die übersehen werden, weil man mit ihnen nicht „glänzen" kann. *(kniet vor dem Kreuz nieder)*

V 1 Jesus, du verstehst die Verzweifelten – du reichst allen Menschen die Hand, die es allein nicht mehr schaffen. Du blickst mit Liebe auf die, die sich schämen, weil sie merken, dass sie Hilfe von anderen brauchen. In jedem dankbaren Blick von einem anderen, dem wir helfen, sehen wir auch deine Augen, die uns „Danke" sagen. Wir danken dir!

A   Wir danken Dir!
    (gemeinsame Kniebeuge aller Teilnehmer)

Liedruf zum Abschluss / auf dem Weg zur nächsten Station
„Geh mit uns auf unserm Weg"
(gesprochen oder als Strophe)
V Wenn Nacht auf uns hereingebrochen,
   Herr verlass uns nicht!
   Allen, die im Dunkel leben, zeige Du Dein Licht!

SIEBTE STATION: JESUS STIRBT AM KREUZ

Letzte Station des Kreuzweges ist der Platz vor dem Altar. Die Teilnehmer stellen sich im Halbkreis um das Kreuz auf. Sollten die Gruppe während der bisherigen Stationen in den Bänken Platz genommen haben, versammeln sich die Teilnehmer nun ebenfalls um das Kreuz.

Eröffnung mit Liedruf
(Melodie nach GL 270)
V Kommt herbei, singt dem Herrn, ruft ihm zu, der uns befreit!
A Kommt herbei, singt dem Herrn, ruft ihm zu, der uns befreit!
V Singend wollen wir ihm folgen,
   sein Kreuz zieht unsrem Weg voran.
A Singend wollen wir ihm folgen,
   sein Kreuz zieht unsrem Weg voran.

Lesung
V 1 Aus dem heiligen Evangelium nach Matthäus. *(Mt 27,45–51)*
     Von der sechsten bis zur neunten Stunde herrschte eine Finsternis im ganzen Land. Um die neunte Stunde rief Jesus laut: Eli, Eli, lema sabachtani?, das heißt: Mein Gott, mein Gott, warum hast du mich verlassen? Einige von denen, die dabeistanden und es hörten, sagten: Er ruft nach Elija. Sogleich lief einer von ihnen hin, tauchte einen Schwamm in Essig, steckte ihn auf einen Stock und gab Jesus zu trinken. Die anderen aber sagten: Lass doch, wir wollen sehen, ob Elija kommt und ihm hilft. Jesus aber schrie noch einmal laut auf. Dann hauchte er den Geist aus. Da riss der Vorhang im Tempel von oben bis unten entzwei.

Kurze Stille/Betrachtung
(Hier kann zur Vertiefung Text 3 des Anhangs eingefügt werden)

Aneignung und Kreuzverehrung

V 1 Jesus, jetzt schlägt deine letzte Stunde. Es wird dunkel im Land – und bald wirst du selbst in die Dunkelheit des Todes gehen. Und jetzt erst, am Kreuz, endlich, schreist Du deine Not heraus; schreist nach Gott.

V 2 Jesus, du bist einer von uns. Du weißt wie schlimm es ist, wenn man sich von allen verlassen fühlt. *(kniet vor dem Kreuz nieder)*

V 3 Jesus, du bist einer von uns. Du weißt, wie lange es manchmal dauert, bis wir aussprechen, herausschreien können, was uns quält. *(kniet vor dem Kreuz nieder)*

V 4 Jesus, du bist einer von uns. Du zeigst uns, dass unser Gott nicht unnahbar ist; sondern ein greifbarer Gott, dem wir auch klagen, zu dem wir schreien dürfen. *(kniet vor dem Kreuz nieder)*

V 1 Jesus, du bist einer von uns geworden. Darum können wir vor dir ganz offen sein; wir brauchen uns vor dir nicht zu verstecken mit unseren Fehlern und Schwächen. Vor dir dürfen wir so sein, wie wir sind. Wir danken dir!

A Wir danken dir!
(gemeinsame Kniebeuge aller Teilnehmer)

Vaterunser

V 1 Lasst uns jetzt gemeinsam das Gebet Jesu sprechen; das Gebet das uns mit ihm, mit Gott und untereinander verbindet.

A Vater unser …

Segen

V 1 Die Arme des Kreuzes weisen nach oben und unten: Im Kreuzeszeichen sind wir verbunden mit Gott und er mit uns.

V 2 Die Arme des Kreuzes weisen auch nach rechts und links: So sind wir im Kreuzeszeichen auch stets mit- und untereinander verbunden.

V 3 Dieses Zeichen der segnenden Liebe Jesu, dessen Kreuzweg wir miteinander nachgegangen sind, wollen wir uns nun gegenseitig auf die Stirn zeichnen und mit auf den Weg geben. *(Die Teilnehmer zeichnen sich gegenseitig ein Kreuz auf die Stirn)*

V 1 So segne uns und alle Menschen auf unserem Weg Gott der Vater und
     der Sohn und der Heilige Geist. Amen.

Abschluss mit Liedruf
(Melodie nach GL 270)
V   Bleib bei uns Herr, auf unserm Weg!
     Segne uns und verlass uns nicht!
A   Bleib bei uns Herr, auf unserm Weg!
     Segne uns und verlass uns nicht!
V   Schenken wollen wir Deine Liebe,
     die vertraut und die vergibt!
     Alle sprechen eine Sprache,
     wenn ein Mensch den andern liebt.
A   Schenken wollen wir Deine Liebe,
     die vertraut und die vergibt!
     Alle sprechen eine Sprache,
     wenn ein Mensch den andern liebt.

ANHANG ZUM KREUZWEG FÜR FIRMLINGE

Text 1: Im Garten Getsemani

Vier Sprecher treten auf. Dabei halten sie jeweils den ihrer Rolle entsprechenden Gegenstand in der Hand: Oliven- oder vergleichbaren grünen Zweig, Dornenzweig, Stein.

Erzähler: Es wird Nacht über Jerusalem. Viele Nächte sind seid jener denkwürdige Nacht vergangen, in der Jesus lange Stunden im Olivengarten war. Doch die Ölbäume, die Dornen und auch nicht die Steine, die der Garten Getsemani beherbergt, können diese Nacht vergessen.

Olivenbaum: Niemals werde ich begreifen, wie ihr so etwas zulassen konntet! Wo Jesus doch so oft in diesem Garten war!

Dornstrauch: Du tust ja gerade so, als hätten wir es gewollt! Was sollten wir denn machen? Frühmorgens kamen doch schon die Knechte des Hohenpriesters, um uns zu schneiden.

Olivenbaum: Ja, dass es ausgerechnet Jesus sein würde, der unter euch zu leiden hat, das habt ihr nicht gewusst – das will ich euch zugute halten. Aber es war ja schließlich nicht das erste Mal, dass man euch für so etwas holte! Wie oft hat man euch schon geschnitten – für Ruten und Geißeln für die Gefangenen!

Dornen: Aber wir haben es doch nicht gewollt! Der Heilige – gepriesen sei sein Name! – hat uns nun einmal nicht eure sanften, kühlen Blätter geschenkt. Wenn wir jenen Tag ungeschehen machen könnten, glaub mir, wir würden es tun!

Olivenbaum: Ungeschehen machen? Das könnte euch so passen! In tausend Jahren wird von euch noch die Rede sein und von den Soldaten, die aus euch Dornen einen Kranz geflochten haben für den Kopf Jesu! Ihr seid eine Schande für den ganzen Garten!

Stein: Nun streitet nicht schon wieder! Schaut, ich bin schon alt, älter als ihr alle hier im Garten. Und wenn man älter wird, sieht man vieles mit anderen Augen. Doch ich denke heute, dass es seinen Sinn hatte – das mit euch Dornen, meine ich!

Dornen: Du willst dem ganzen noch einen Sinn geben? Sind wir denn nicht schon unglücklich genug? Musst du uns denn noch mehr ins Gerede bringen?

Stein: Nicht ins Gerede, Dornstrauch, wohl aber ins Gespräch. In den langen Abenden seit Jesu Kreuzigung, in denen ich hier im Garten lag, musste ich immer wieder an euch Dornen denken. Scharf sind eure Stacheln, und spitz. Ihr Dornen seid uns eine Mahnung daran, wie auch heute noch Menschen sich gegenseitig verletzen, so wie Jesus verletzt wurde. Aber ihr erinnert auch daran, dass die Liebe darüber siegt.

Text 2: Simon von Zyrene

Zwei Sprecher/Spieler treten auf

Erzähler: Jerusalem, im Jahr 33 n. Chr. Auf der römischen Wache findet wieder einmal ein Verhör statt. Es hat Aufruhr gegeben wegen diesem Jesus, den sie vor einigen Wochen gekreuzigt haben. Die Stadt kommt seitdem einfach nicht mehr zur Ruhe. Aufseufzend winkt der römische Hauptmann einen Zeugen heran, den er in dieser Angelegenheit verhören will. Es ist Simon aus Zyrene, der für diesen Jesus aus Nazareth eine Zeitlang das Kreuz getragen hat.

Hauptmann: Also, nun erzähl uns doch noch einmal den genauen Hergang deiner Begegnung mit diesem Jesus von Nazareth, … wie war noch gleich dein Name?

Simon: Simon, mein Name ist Simon, Herr!

Hauptmann: Richtig, richtig, jetzt erinnere ich mich wieder! Du stammst aus Zyrene, soviel ich weiß?

Simon: Genau, Herr! Verzeiht, ich bin es nicht gewohnt, mit jemand Eures Standes zu sprechen. Ich bin nur ein einfacher Bauer, und weiß nicht mehr als jeder andere hier in der Stadt über Jesus von Nazareth.

Hauptmann: Immerhin sollst du ihm ja sein Kreuz mitgetragen haben, heißt es!

Simon: Aber wie hätte ich denn anders können! Ich wusste ja gar nicht, wie mir geschieht!

Hauptmann: Dies ist kein Verhör; ich möchte nur Klarheit. Seit jenem Morgen vor einigen Wochen, an dem man die wachhabenden Soldaten an seinem Grab vollkommen verwirrt vorgefunden hat, wollen die Gerüchte kein Ende nehmen. Von „Auferstehung der Toten" ist da die Rede und „Anbruch einer neuen Zeit" und so fort. Wir könnten ja hier bereits Listen führen, wer diesen „auferstandenen Toten" angeblich schon gesehen haben will. Die Unruhe im Volk ist groß. Deshalb habe ich Dich ja kommen lassen. Ich muss noch einmal ganz genau wissen, was sich alles in Zusammenhang mit der Hinrichtung dieses Jesus abgespielt hat. Berichte mir einfach alles, was Du weißt!

Simon: Ja, also, wie ich gerade an diesem Freitagmittag vom Feld kam, habe ich schon von weitem den Trubel der Menge gehört. Irgendwie bin ich dann mitten in das Gedränge hineingeraten, zu dem Zeitpunkt, als dieser Mann stürzte. Plötzlich wurde es ganz still um ihn, fast unheimlich inmitten des Lärms. Das haben die von Soldaten wohl auch gemerkt und es mit der Angst gekriegt. Sie haben mich gesehen und herbeigezerrt. Ich konnte mich in der Eile nicht mehr verbergen, Ihr seht ja selbst ...

Hauptmann: Du bist ein stattlicher Mann, Simon, kräftig gebaut! Sicher ein tüchtiger Arbeiter!

Simon: Das ist wohl nicht zu leugnen, Herr! Ich mache meine Arbeit gern, draußen auf dem Feld. Wie schon gesagt, packen mich also die Soldaten – und bevor ich mich versehe, habe ich schon das Kreuz auf meiner Schulter. Was blieb mir anderes übrig als es hinterher zu tragen, Herr? Ihr wisst selbst, dass mit euch Römern nicht zu spaßen ist!

Hauptmann: Schon gut, weiter in der Sache, Simon!

Simon: Nun, da gibt es weiter nicht mehr viel zu berichten. Bis zum Kreuzhügel hinauf ließen sie mich das Ding mitschleppen. Nicht, dass es mich allzu große Mühe gekostet hätte, ich bin schwerere Arbeit gewöhnt. Aber eigenartig war es doch …

Hauptmann: Was meinst du mit „eigenartig"?

Simon: Wie – wie soll ich sagen. Nun eben, wie Jesus sich verhielt! Er war so – wie soll ich sagen – dankbar …

Hauptmann: Dankbar? in der ersten Vernehmung hast du doch angegeben, überhaupt nicht mit ihm gesprochen zu haben!!

Simon: Ja – nein – nicht direkt …

Hauptmann: Also, was jetzt?

Simon: Gesprochen haben wir auch nicht miteinander. Aber angesehen hat er mich, mit so einem Blick, als hätte er nicht nur den kurzen Weg diese Last mitgeschleppt, sondern …

Hauptmann: Sondern?

Simon: … sondern als hätte er mehr getragen, als bloß den Kreuzbalken. Und ich hätte ihm dabei geholfen …

Hauptmann: Ich denke, diese Sache hat dir doch ziemlich zugesetzt! Du redest ja wirres Zeug!

Simon: Meine Frau sagt das auch schon! Haltet mich nicht für verrückt! Aber der Blick, Herr, wenn Ihr den gesehen hättet … das lässt einen nicht mehr los.

Hauptmann: Gut, Simon, das ist genug für heute. Du kannst jetzt gehen.

Simon: Danke, Herr! Danke! Ihr werdet es doch für Euch behalten? Das mit dem Blick ... ihr wisst schon, was ich meine? Vielleicht bin ich ja wirklich ein wenig verwirrt von dieser Sache. So etwas passiert einem schließlich nicht alle Tage. Und ich möchte nicht, dass mein Herr denkt, mit mir stimme etwas nicht. Es ist nur so, dass ich immer darüber grübeln muss – wie mich Jesus angesehen hat, Herr ...

Hauptmann: Du kannst dich darauf verlassen, dass ich unser Gespräch vertraulich behandeln werde. Auf Wiedersehen, Simon!

Text 3: Nacht auf Golgota

Fünf Sprecher/Spieler treten auf. Dabei halten sie einen der ihrer Rolle entsprechenden Gegenstand in der Hand: Würfel, großer (deutlich sichtbarer) Holzsplitter, großer Nagel.

Erzähler: Es ist Nacht geworden über Jerusalem, selbst nach diesen Tagen. Schon seit Stunden haben sie den Leichnam des Jesus von Nazareth abgenommen vom Kreuz. Er ist beigesetzt in einem nahen Garten, so heißt es. Keiner ist mehr draußen hier auf der Schädelhöhe auf Golgota. Die Leute sind schnell weggegangen, als würden sie fliehen von diesem Ort. Nur ein paar Holzsplitter, ein Nagel und zwei Würfel sind am Fuß des Kreuzes noch liegen geblieben ...

1. Würfel: Noch ein Spiel, Kamerad, ein letztes, komm!

2. Würfel: Nicht mit mir, Freund, und nicht heute abend!

1. Würfel: Nun sei doch kein Spielverderber! Und überhaupt, was geht es dich an, was heute hier passiert ist!

2. Würfel: Was mich das angeht willst du wissen? Wie kannst du da noch fragen? Warst du denn nicht auch dabei, als die Soldaten mit uns würfelten und um das Gewand Jesu losten?

Holzsplitter: Mir geht das, was Jesus sagte, als er am Kreuz hing, nicht mehr aus dem Kopf. Besonders sein Gespräch mit den beiden Verbrechern – ihr wisst schon, die links und rechts neben ihm hingen.

2. Würfel: Sicher, und es geschah ihnen recht! Schurken sind sie und Schurken wären sie geblieben, darauf wette ich! Für sie war es nur die gerechte Strafe, aber für Jesus …

Holzsplitter: Genauso dachte ich auch – zuerst, doch dann habe ich gehört, wie Jesus zu den beiden sprach. Viele konnten es gar nicht verstehen, weil er so leise und unter großen Schmerzen sprach. Doch ich war nahe bei seinem Gesicht, und so konnte ich es verstehen. Einer der beiden, ich glaube der zu seiner Linken, sprach Jesus an. Er sagte: Du sagst doch, dass du ein König bist! Wenn das stimmt, dann hilf dir doch selbst und uns! Der an Jesu rechter Seite aber sagte zu dem auf der linken Seite: Sei still! Wir sind Verbrecher, wir bekommen die gerechte Strafe für das, was wir getan haben. Aber dieser Mann hier hat nichts Schlimmes getan! Dann wandte er sich an Jesus und sagte: Herr, denk an mich, wenn du in dein Reich kommst!
Ja, und dann Freunde, sagte Jesus etwas, was mich nun nicht mehr loslässt. Er sagte: Ich sage dir, noch heute wirst du mit mir im Paradies sein! – Im Paradies, versteht ihr! Nach all dem, was der angerichtet hat! Und dann so eine Antwort von Jesus!

Erzähler: Da mischt sich ein Nagel, der am Fuß des Kreuzes vergessen wurde, und bisher ruhig dagelegen hat, ins Gespräch.

Nagel: Also, das hätte ich nicht von ihm gedacht! Nie hätte ich dem verziehen, niemals! Recht muss doch Recht bleiben!

Holzsplitter: Zuerst dachte ich auch so wie du. Aber je länger ich darüber nachdenke, desto klarer wird mir: Jesus geht es um eine anderer Gerechtigkeit. Gottes Gerechtigkeit ist eben nicht die Gerechtigkeit der Menschen.

2. Würfel: Du magst recht haben! Doch ich verstehe noch immer nicht, warum ein Unschuldiger sterben musste, wie es soweit kommen konnte!

Holzsplitter: Vielleicht gerade deshalb – damit die Menschen begreifen, darauf zu vertrauen, dass Gott aus jeder Schwäche Stärke, und aus dem Tod neues Leben macht.

Nagel: Ich möchte so gern daran glauben, gerade jetzt wo alles so dunkel und ohne Hoffnung ist, aber es ist mir schwer ums Herz.

Holzsplitter: Doch auch diese Nacht geht zu Ende. Seht, es tagt schon. Da kommen Frauen den Hügel herauf. Bestimmt wollen sie zum Grab Jesu um ihm noch einmal nah zu sein. Wer weiß, vielleicht ist ihnen uns allen Gott gerade näher, als wir glauben.

LITERATUREMPFEHLUNGEN

Benedikt XVI., Der Kreuzweg unseres Herrn, Verlag Herder, Freiburg im Breisgau 2007.

Guido Fuchs, Das Große Buch der Kreuzwege, Verlag Herder, Freiburg im Breisgau 2007.

Romano Guardini, Der Kreuzweg unseres Herrn und Heiland, Topos plus, 2005.

Claudia und Ulrich Peters, Durchkreuztes Leiden. Ein Kreuzweg zu Bildern von Sieger Köder, Schwabenverlag, Ostfildern 2008.

Andrea Schwarz / Angelo Stipinovich, Wer leben will wie Gott. Ein Kreuzweg. Verlag Herder, Freiburg im Breisgau 2005.

Variante des Franziskus-Kreuzwegs auf CD-ROM

Das Modell umfasst folgende Textabschnitte:
Text 1: Wo ist dein Platz? - Das Monopoly mit dem Krieg
Text 2: Das Gesicht des Aussatzes
Text 3: Die Klammer auf - San Damiano
Text 4: Francesco il Pazzo
Text 5: Das Gesicht des Krieges
Text 6: Die Wunden
Text 7: Klammer zu – der Sonnengesang

WEITERE WERKBÜCHER IN DER REIHE „GEMEINDE LEBEN"

**Praktische Arbeitshilfen für die Gemeinde – herausgegeben von Klaus Vellguth.
Format: je 17,0 x 24,0 cm, je 80 Seiten, Kartoniert.**

Josef Treutlein
Maiandachten
Modelle und Anregungen
Mit CD-ROM
ISBN 978-3-451-32241-9

Elfi Eichhorn-Kösler / Bernhard Kraus
Advents- und Weihnachtsfeiern mit Senioren
Mit CD-ROM
ISBN 978-3-451-32223-5

Sigrid Krämer / Christine Kreutz
Familiengottesdienste im Advent
Mit CD-ROM
ISBN 978-3-451-32406-2

Erich Schredl
Früh- und Spätschichten
Andachten in der Fasten- und Osterzeit
ISBN 978-3-451-28970-5

Gerlinde Lohmann
Kindergottesdienste
Mit Symbolen den Glauben feiern
ISBN 978-3-451-28972-9

Iris Windheuser
Unterwegs zur Erstkommunion
Spiele, Rätsel und Bastelanleitungen
ISBN 978-3-451-29174-6

Daniela Stege-Gast
Sankt Martin feiern
in Kindergarten, Schule und Gemeinde
ISBN 978-3-451-29175-3

Gerlinde Lohmann
Krippenspiele
in Kindergarten, Schule und Gemeinde
ISBN 978-3-451-32077-4

Burkhard R. Knipping (Hrsg.)
Nikolaus feiern
in Kindergarten, Schule und Gemeinde
ISBN 978-3-451-32078-1

Patrik C. Höring
Ministrantenstunden
Bausteine und Ideen
ISBN 978-3-451-32017-0

Susanne Moll
Jugendgottesdienste
Modelle und Impulse
ISBN 978-3-451-29497-6

Andrea Kett
Frauengottesdienste gestalten
Feiern mitten aus dem Leben
ISBN 978-3-451-29499-0

In jeder Buchhandlung!
HERDER

Christine Willers-Vellguth (Hg.)
Das große Werkbuch Fastenzeit und Ostern
Gottesdienste, Impulse, Lieder
17,0 x 24,0 cm
208 Seiten
Gebunden, mit CD-ROM
ISBN 978-3-451-29453-2

Die Modelle in diesem Werkbuch greifen die lebendige Fülle der Fasten- und Osterzeit auf und zeigen, wie dieser Reichtum des Kirchenjahres intensiv erlebt werden kann. Alle Entwürfe sind mit Blick auf spezielle Zielgruppen hin konzipiert und bahnen den Weg, um mit Kindern im Vorschulalter, Familien, Jugendlichen, Frauen, Senioren und der gesamten Gemeinde die österliche Vorbereitungszeit bewusst zu gestalten.

Wolfgang Gies
Das große Buch der Kinderkreuzwege
17,0 x 24,0 cm
208 Seiten
Gebunden, mit CD-ROM
ISBN 978-3-451-32045-3

Aus einem breiten Spektrum werden kompakt und anschaulich Andachtsformen für Familiengottesdienste, Kinderkatechese und Religionsunterricht vorgestellt, um dem Leidensweg Jesu nachzugehen. Reichhaltige Anregungen und konkrete Bausteine helfen, die Passion kindgerecht spirituell nachzuvollziehen. Dabei stehen traditionelle Modelle neben zeitgemäßen Projekten, ausgearbeitete Andachten neben anregenden Entwürfen und kreativen Impulsen für die Praxis zu diesem zentralen und sensiblen Themenbereich.

Frank Reintgen
Das große Buch der Jugendgottesdienste
Mit CD-ROM
Aktualisierte Neuausgabe
17,0 x 24,0 cm
ca. 224 Seiten
Gebunden, mit CD-ROM
ISBN 978-3-451-32224-2

Eine Fülle von Anregungen und praxiserprobten Modellen für Feiern im Kirchenjahr und für thematische Gottesdienste bietet dieses große Werkbuch. Die einfache und zeitgemäße Sprache und die Vielseitigkeit der Vorschläge helfen, die richtige Mischung aus Aktion und Stille zu finden. Die CD-ROM mit Materialien sowie Register mit Stichworten und Bibelstellen machen das Buch vielseitig einsetzbar.

In jeder Buchhandlung!
HERDER